科技企业家

邢 实/著

上 册

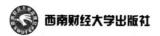

西南财经大学出版社

图书在版编目(CIP)数据

科技企业家.上/邢实著.—成都:西南财经大学出版社,2016.6
ISBN 978-7-5504-2293-3

Ⅰ.①科…　Ⅱ.①邢…　Ⅲ.①高技术产业—企业家—生平事
迹—中国—现代　Ⅳ.①K825.38

中国版本图书馆 CIP 数据核字(2015)第 309737 号

科技企业家(上册)

邢　实　著

责任编辑:汪涌波　李特军
助理编辑:白　宇
封面设计:墨创文化
责任印制:封俊川

出版发行	西南财经大学出版社(四川省成都市光华村街55号)
网　　址	http://www.bookcj.com
电子邮件	bookcj@foxmail.com
邮政编码	610074
电　　话	028-87353785　87352368
照　　排	四川胜翔数码印务设计有限公司
印　　刷	四川森林印务有限责任公司
成品尺寸	185mm×260mm
印　　张	9.5
字　　数	190 千字
版　　次	2016 年 6 月第 1 版
印　　次	2016 年 6 月第 1 次印刷
印　　数	1—10000 册
书　　号	ISBN 978-7-5504-2293-3
定　　价	50.00 元

前　言

当今中国正处于实施创新驱动发展战略全面深化改革时期，面对"十三五"开局之年，以及中国制造2025、互联网+行动跟随的世界第四次工业革命和"大众创业、万众创新"热潮，笔者领悟到党中央和中央政府正以"四个全面"战略布局，带领全党全国人民践行"三合一""中国梦"及其实现的理念思维与行为规范模式。全党全国人民群情激奋，斗志昂扬，同创共享地迎接国家政策与战略规划的全面建成小康社会，为建设创新型国家打下良好基础条件和发展环境的"准科技企业家时代"；坚定和提高建设富强、民主、文明、和谐社会主义现代化创新型国家，使中国后来居上，率先进入智能化与信息化的实景经济信息社会的"科技企业家时代"到来的信心、决心与智慧能力。相信党，相信政府，相信自己，相信中国人民同心同德、同路同行，"两个一百年""中国梦"，一定会在"准科技企业家时代"与"科技企业家时代"心想事成，美梦成真！

与此同时，笔者也体会到在举国上下都怀揣着"三合一""中国梦"，以科技创新源动力驱动社会经济发展，齐心协力努力绽放国强民富己发财的梦想，构筑科技成果转化行业在国民经济与社会发展核心基础战略地位的今天，实际工作与具体环境和理想目标存在着不小的距离。特别是科技成果转化行业职业化与专业化科学高效运行的实际差距与现实困境，使实现中国梦任重道远，尚需各方面加倍努力。最突出、关键的问题就是科技成果转化行业职业人员素质能力与专业人才技能知识水平与规模的相对落后与不足。其表现为：一是对"三合一"中国梦带来的科技成果转化春天所具有的国家、集体与自我发展划时代的历史意义体会不深或认知消极乃至不科学不正确。面对国家、民族与单位个人大好发展时机，跟不上时代发展步伐，无法理解、贯彻、执行党和政府促进科技成果转化行业发展的政策措施，从思想观念到行为规范需要全面提高。二是历史因素与个人能力不足，导致其无法从职业或专业角度正确理解利用国家政策与战略规划的"科技企业家时代"国家任务、职业理想与个人愿景三者的优势特色，制定科学合理的个人职业生涯规划。科技成果转化行业从业者,对自己工作与专业的职业认识不到位,达不到履职尽责守本分的基本工作要求,需要进行科技成果转化行业的从业教育与上岗培训。三是因国家实施创新驱动发展战略的时间不长,科技成果转化行业从理论到实践的知识和经验积累时间不够,本身也需要加强科技成果转化行业各方面的建设,需要为科技成果转化的更好发展研发更多科学的学术理论和实务科学成果,适应科技成果转化行业核心基础战略产业地位。通过"干中学、学中干"积累经验,培养科技成果转化行业执业人员素质能力与专业人才知识技能。

本书以创新理论为基础,以科技成果转化为实务,以科技企业家为主体,以社会发展进步为目的,形成一套系统全面的理论与实践体系,分八大主题就科技企业家的概念解释、理论体系、时代机遇、职业诠释、职业人定义、职业环境分析、职业技能要求、团队及外围组织关系、职业发展理想状态及当代人物剖析进行系统研究与全面阐述。

本书以"准科技企业家时代"及"科技企业家时代""三合一"中国梦及"三合一"实现理念思维与行为规范模式运用为前提,就科技成果转化行业从业者如何在具备"科技企业家之缘"、"科技企业家之心",拥有自己的"科技企业家之壤",开始走上"科技企业家之路",寻找到"科技企业家之盟",定位自己的"科技企业家之业",并且准确把握"科技企业家之政",怀揣"科技企业家之梦",开始搭乘"科技企业家时代"列车,踏上职业化和专业化从事科技成果转化行业之路,成为一名真正成功的科技企业家的全部成长历程,予以系统有机、整体全面、专业科学的理论与实务研究描述,使读者由此对"科技企业家时代"与"科技企业家"有一个透彻清晰、科学正确的认知,从而从现在做起、从自我做起、从本职工作做起,把握时代发展脉搏,认清自己潜能,以职业素质能力与专业操行技能投身到上符国策、下合己能的科技成果转化行业中,不辜负互动统一实现国家重任、历史使命、民族希望、职业理想与家人幸福、个人价值的千载难逢的时代机遇,"三合一"地实现"两个一百年""中国梦"!

本书分为上、中、下三册。

上册五大主题:

一、科技企业家之缘——主要讲述科技成果转化行业的兴起与现状及"科技企业家"时代的定义。

二、科技企业家之心——主要讲述一个人要如何才能具备科技企业家之心即心理素质、能力条件要求。

三、科技企业家之壤——主要就科技企业家的生存环境进行剖析,明白一个人要如何才能成为科技企业家。

四、科技企业家之政——主要按国家政策与战略规划文件归类解读和介绍科技成果转化政策环境子系统,定义"科技企业家时代",阐述"人头管理理论"。

五、科技企业家之梦——主要阐明"科技企业家时代"优势发展特色。解读国家、行业与个人"三合一""中国梦"概念内容。阐述做中国好人的当代人生理念观点。

中册一个主题：

六、科技企业家之路——主要就科技企业家的职业生涯与工作进行描述。具体内容详见本书中册第十八章至第二十九章。

下册两个主题：

七、科技企业家之盟——科技企业家团队及 h2h 平台、工具介绍。

八、科技企业家之业——科技企业家从事的行业与技术领域分析。

写这本书，笔者希望，在创新型社会环境定义下，以创新驱动发展战略的理论与实践研究为核心，以自己的德识才学修为与职业技能经验，还有写作技巧及结构创新的优势，并用哲学、心理学、社会学、管理学等人文科学及科技、金融、企业管理、信息技术、科技咨询等相关知识，以及《区域科技成果转化运营模式数据库构建与运用研究》科研课题成果和数据，还有《区域科技成果转化管理运营网》的创意策划与项目内容，就"科技企业家"所属的人才及职业、行业与宏观环境进行综合系统、全面深入的理论与实务研究。从做人和做事两个视角，与时俱进地全面系统描述和定义"科技企业家"——这一当代新兴职业角色，及成为与扮演这一职业角色的心路历程和技能培养的方方面面。同时，领悟国家改革37年来，特别是十八大三中全会精神与"中国梦"的内容实质。着眼于国家科技创新型社会发展思路的建立，科技创新理念的发展与运用，对科技与经济融合形成的这一职业的环境现状与发展前景进行分析与判断。以人为本，以科学创新的思维，按"科技企业家"的职业→职业人→职业人生不同层次进行研究与分析。融合上述不同写作题材，以真实客观的职业生涯案例，从不同层面完整系统地描述和介绍"科技企业家"其事其人及理想属性。探讨正在从事传统"科技"或"经济"工作，并可能成为"科技企业家"的人们的前景或成功之路，还有其宏观环境设定，以及相应培育体制与运行机制的改革建议。由此，按顶层设计与基层首创结合创新发展的思路，用笔者三十多年从事科技型中小企业相关转化实战工作切身经验，针对科技与经济两大领域现状与融合发展，对产生"科技企业家"人群的现象进行研究与探讨。

本书对科技成果转化行业各环节各岗位的执业人才成长特征与规律、专业人才技能素质，以及科技成果转化行业、职业及专业发展环境和时代特色等全方位、全要素、全过程均有学术创新，形成了全国首部科技成果转化行业研究专著。本书的科研写作主旨与内容特色如下：

一、本书以科技成果转化系统主体子系统的主体角色——科技企业家的职业生涯全过程研究描述为基本科研写作线索。

它从科技企业家的视角富于逻辑性地串联其所从事的企业科技成果转化与经营管理系列问题链，按科技企业家成长历程自然顺序，逐一对科技成果转化支持子系统、中介子系统、政策环境子系统与宏观调控子系统进行全面有机的联系和讲解。

二、本书极力宣扬和推动与社会主义核心价值观相同的"科技企业家精神"的全民认同，借以唤起读者民族大义、历史使命与中华民族五千年文化复兴意识，使全国人民都具有国家任务、职业理想与个人愿景"三合一"实现中国梦的理念。使读者相信党、相信政府、相信人民都与自己一样，用科技企业家思维中的"双方同一、同盟共赢"和谐社会观处事为人干事业，使自己融入这个时代，真真切切、实实在在、同心同德与党和人民一起走在建设创新型国家的伟大行列中。通过"大众创业、万众创新"，全民践行创新驱动发展战略，力争在"十三五"将政策环境定义的"准科技企业家时代"，变成促使创新型国家真正实现的"科技企业家时代"，共同完成国家的、行业的和自己的"三合一"中国梦，迎来我们同创共享、可以从经济社会人文各方面充分体现的民族崛起、文化复兴、国强民富、百业兴旺、社会和谐、人民安康的美好"科技企业家时代"！

三、本书不仅系统全面地介绍了科技成果转化普通从业者所需的职业素质与专业技能，而且，对从事科技成果转化管理服务的政府工作人员及中介专业机构员工的改革创新意识与职业素质、专业技能的培养，以及其他规划专业机构的战略发展与业务策划均有探讨。

四、本书通过对党和政府十八大以来为在中国未来十年实现两个"中国梦"而制定的治国理政方针以及国民经济与社会发展"十三五"规划的领会解读，从学术理论和实务操作理念上提出了由国家发展战略规划与政策定义的"准科技企业家时代"与"科技企业家时代"概念。同时，提出了这两个时代发展必须遵循的规律模式，并就与两个时代相匹配的理想社会环境、时代风尚、国民素质以及从业规范、社会精英作了全面阐述。特别对科技成果转化行业从业者理解、领悟与贯彻执行国民经济与社会发展"十三五"规划，提供了理论与政策及实务全方位专业解读。

本书从理念到内容到形式全面深刻的创新，一定程度上担当起了理解国家"十三五"规划的讲解员，以及贯彻实施"十三五"规划的研究员角色。

本书是广大普通科技成果转化行业从业者"十三五"时期的一本通俗实用、理论与实践结合、系统全面的入门手册和专业的培训教材。

五、笔者始终认为此项科研写作，只能塑造科技企业家总体形象，构建创新理论框架，定义科技企业家职业及科技成果转化行业概念，描述勾勒企业科技成果转化与经营管理实务操作体系，建立全面深化改革时期实施创新驱动发展战略国策背景下的科技成果转化行业研究总课题及子课题系列，而深入细化展开的专业或专题研究只能留待以后进行。

本书重点在于从理论学术角度为科技成果转化学科建立与创新驱动发展战略国策实施抛砖引玉、造势呐喊，为科技成果转化行业人才培养尽心尽力，以吸引与引导更多的人们认识、了解科技成果转化行业，激活大家投身科技成果转化行业的热情和愿望，帮助读者树立正确的从事科技成果转化的理念与观点，培养成为科技企业家或从事促进科技成果转化专业人士的愿景；有从事科技成果转化基本的职业素质与能力；有自我职业规划与团队经营管理战略设想；有上符国策，下应国家、集体与个人三兼顾的当代科技企业家的时代使命感与团队精神、国家荣誉感；有将科技成果转化当成自己的职业、团队的事业和国家的使命，以各自之努力促成科技成果转化行业内外上下合三为一、统一协调、同心同德、共同贯彻执行创新驱动发展战略的职业理念和工作态度；有科技成果转化总课题统领下的一系列子课题设想；有科技成果转化行业建设、理论架构、实践工作的个人目标。

六、因当前中国科技成果转化发展的理论建设、管理体制改革、法律制度建设以及行业化、职业化、专业化进度，大大滞后于国家战略决策力度与现实工作热度，因此，本书假设当代中国科技成果转化从理论上已成学科，从实务上已成行业，科技企业家及科技经纪人、科技项目经理、科技创业导师和国家行业管理及专业指导服务人员等相关行业工作人员均是专业人员。

七、本书不仅是首部系统全面的科技成果转化行业研究专著，而且，还是一项多专业、多应用的综合科研成果。笔者力争通过搭乘全面深化改革时期实施创新驱动发展战略国策的时代列车，使此项科技成果在理论指导实践、实践验证理论的良好循环转化态势中，可以助力形成一个团队、一个企业、一个区域乃至全国"真抓实干出成效、职业专业做行业"的科技成果转化发展局面，为实现国家2020年基本完成适应创新驱动发展要求的战略目标，做好人才培养及创新项目运作示范、管理体制改革试点工作！

八、国家号召每个中国人都要有理想有抱负，为实现"中国梦"而努力奋斗。自己的中国梦是什么？全民族的中国梦是什么？身为一名科技成果转化行业从业者，如何实现这些梦？本书将以一己之见和个人研究成果作全面解答。

仅就研究写作本书的方式方法而言，笔者运用了汤继强先生所说的智慧学习法。本书很多非笔者原创的精辟、专业、高水平且富于创新创意的论点论述，若无具体作者介绍，大多皆因来自网络媒体而本身没有出处之故。在此，笔者一是对原始文献作者深表歉意和谢意；二是敬请原始文献作者谅解。

笔者至今无缘在现实中认识本书所介绍的各位专家、学者、老师，无法当面请教和致谢，却对他们万分感激、敬重，并期盼同路同行建设创新型国家。但愿本书不辜负他（她）们的研究写作成果，并有所宏扬。如编著《高新技术企业认定实用指南》的郑树明老师；编著《技术转移信息服务平台建设》和《技术转移业务运营实务》的张晓凌、耿志刚、侯方达、刘会强等老师；撰写《创新管理探骊》的侯选荣、彭新育两先生；撰写《我国科技型中小企业融资政策研究——基于政府的视角》及《中小企业梯形融资模式——实务运作与案例分析》两书的汤继强先生；编著《怎样选择研究课题》的刘则渊、傅平老师；撰写《证析——大数据与基于证据的决策》的郑毅先生；还有《熊彼特：经济发展理论》一书的译者邹建平先生，以及以论文或短文发表自己的学术创新观点和经验总结而给我的研究以启发的众多"一句师"们。这些科技成果转化行业的专家、学者，不仅为本书的学术理论科研提供了极大帮助，而且，也是中国建设创新型国家相关专业领域的领军人物或中坚力量，值得笔者借鉴，应让读者熟知。

古人曰："大上有立德，其次有立功，其次有立言，虽久不废，此之谓不朽。"此乃"三不朽"，是笔者一生追求的人生观和价值观。笔者已至知命而未有立功，更无望树大德也。唯立言不讲早迟，不论客观，唯求笔者心智与修为达矣。言为心声，有感而发，发时代之声、留一己之言，仁者见仁，智者见智，以书留痕，自觉足矣。若因此立言而功德无量，大喜！

本书最终得以顺利出版，笔者首先要感谢现在天堂幸福生活的父母，以及正在准备人生第一次重大考试的至爱女儿，还有血浓于水的至亲姐姐、姐夫、妹妹、妹夫和弟弟、弟媳，是家人给了笔者科研写作的原动力与百折不挠的毅力与勇气；其次，感谢三十多年共事的所有银行、科技、企业界的领导和单位同侪，是组织培养与同事们帮助，让我充满写作本书的信心、决心与智慧；最后，必须感谢以习总书记为首的党中央和中央政府作出的用十年时间建设创新型国家，实现中华民族复兴、国强民富已发财"两个百年中国梦"的战略国策，感谢国家规划与政策定义的"科技企业家时代"给本书出版发行带来的巨大时代机遇。

特别感谢姐夫王志桥在时间紧任务重，需要加班加点赶进度的情况下，毫不犹豫地全力以赴，友情承担了本书全部文字的修改与审校工作，为本书高质量顺利出版提供了可靠的编辑保证。

此书献给一切以中国好人为基本道德价值标准，认同"三合一"中国梦及以"三合一"实现中国梦理念的科技成果转化行业从业者，更献给集时代精英使命与民族英雄责任于一身、凭借天时地利人和而成功的科技企业家们！

若读者在阅读本书后，想进一步探讨，可联系：028 - 68107223，028 - 68107157；邮箱：xshzh@163.com；QQ：1316731626。

谨以此书献给伟大时代、光荣政党、先进国家，还有同创共享的科技成果转化行业从业者及其知心爱人们！

邢　实

2016 年 3 月 20 日

目　录

（上册）

1

第一章 科技成果转化行业人才体系定义

每个人都生活在不同环境中，度过属于自己的一生。自己要做什么样的人，要做成什么样的事，往往要付出巨大努力，再加上自己的独特天赋，结果通常不会偏离个人命运与时代发展足迹。

法国哲学家、数学家与物理学家勒奈·笛卡尔（René Descartes）说："我思故我在。"笔者讲："我思故我行。"我们认同知识文化力量无穷的观点。一个人有无对自我人生价值的科学正确的哲学思考，有无为人做事的职业素质能力及专业技能，将影响其生活质量，决定其人格基调高低，带给其独特而不可复制的人生。

常言道：心态决定命运，性格决定人生。科技企业家时代中国好人的普适人生观，应是"友善的三一口诀"。所谓"友善的三一口诀"，就是作为当代中国人要用"三位一体"为有机整体及"三足鼎立"为最强基石的哲学观点，按"人类、社会与自然三合一和谐发展"和"国家的、集体的与个人的三合一中国梦"的时代理念，凡事以"双方同一、同盟共赢"原则，讲究运用"空篮式三字诀"共生共荣共发展地处事为人干事业。

比如说，人际关系讲究"你、我、他"三者联系；科研运营讲究"主体、客体、空间环境"三位关系；科技成果转化行业从业者讲究"国家任务、职业梦想与个人愿景三合一"的理念思维与行为习惯模式，去互动有机地实现"国家的、集体的与个人的三合一中国梦"。

本书描绘的核心人群，即生活并工作在科技企业家时代的科技成果转化行业从业者及其佼佼者——科技企业家们，是一群有思想、有情怀、有财富、有职业素养、有专业技能，能营造与实现国家的、职业的与个人的"中国梦"的当代中国人！

一、经济属性定义

（一）科技成果转化行业从业者

所谓科技成果转化行业从业者，就是从事《中华人民共和国促进科技成果转化法》所定义的科技成果转化及促进、管理相关工作的职业人员或专业人士。

在现实中，无论您是从事国家科技行政管理工作的公务员，还是国家体制内外科研院所的工作人员，或是企事业单位进行科技成果转化与经营管理的员工，或是正投身于"大众创业、万众创新"活动的创新创业者，都是科技成果转化行业从业者。其基本要求应有科学正确、行之有效的科技成果转化行业的职业道德规范及职业素质、专业技能。在以习总书记为首的党中央和中央政府通过国家政策与战略规划的建设创新型国家，实现"两个一百年""中国梦"的"准科技企业家时代"和科技企业家时代即将到来之际，作为科技成果转化行业从业者，不管您是主动的还是被动的，自觉的还是不自觉的，都应把握时代巨大的机遇与行业发展前景，对当前时代的飞速发展与工作职业的巨大变化有所思考。要科学正确地了解时代发展与职业变化的状态与趋势，要把握时代机遇，掌握国家提倡的理念、方法与知识、技能，要有一个顺应时代、顺应行业与职业变化的科学合理、自然有效的自我发展职业生涯规划。心动又行动，做到与时代、与国家、与民族、与家庭同心同德、同路同行，从而拥有一个无悔无憾、无忧无虑、心安理得和幸福安康的美好人生！这是科技成果转化行业从业者的基本素质和社会的要求！

笔者作为百万科技成果转化行业从业者中的一员，愿意将自己对时代、行业与职业的思考抛砖引玉，分享给建设创新型国家的同路同行者；愿意将自己35年来从金融、科技与企业三界的不同角度从事企业科技成果转化与经营管理的经验总结与行业认知，连同"学中干、干中学"积累的相关专业理论知识，通过本书与读者进行全面系统的交流。

（二）科技企业家

我们先从经济属性角度探讨本书最核心最关键的一个概念——科技企业家。

科技企业家产生的背景，源于国家以科技创新为社会经济发展原动力，实施创新驱动发展战略，全面深化改革时期。在此期间，以习总书记为首的党中央与中央政府，为全党全国人民展现了"两个一百年""中国梦"及其实现的"四个全面"战略布局，确立了科技成果转化行业在国民经济与社会发展中的基础核心战略产业地位，用国家政策与战略规划了民族复兴和国强民富的伟大时代——实现中国共产党成立一百年全面建成小康社会"中国梦"的"准科技企业家时代"；实现新中国成立一百年建成富强民主文明和谐社会主义现代化创新型国家"中国梦"的科技企业家时代。

我们根据科技企业家承担的时代使命与历史责任，以及在"准科技企业家时代"与科技企业家时代应具备的精神与素质能力及职业前景，给出对科技企业家的经济属性描述。所谓科技企业家，即科技成果转化行业从业者中的佼佼者。作为科技成果转化行业从业者，他们信奉并践行从自己做起、从现在做起、从本职工作做起、从身边人做起的为人处事原则。他们对自己要求严格，最起码在工作上做到履职尽责守本分，对得起自己的那份工资；在政治上相信党和政府，深明民族大义，盼望国家兴旺；在生活中具有与人为善、和谐相处、互惠互利、互赢互敬、爱家爱人爱自己的情操，坚持"做同时有利于社会、有利于集体、有利于家庭、有利于他人与有利于自己的好事"的理念；追求成为一名"国家利益、集体利益与个人利益三兼顾"、物质文化与精神文明"双丰收"的中国好人。在此基础上，基于自己的天赋才能与德识才学修行，成为一名科技成果转化行业从业者。又恰好赶上本职工作隶属上符国策、下合己能的科技成果转化行业，时代前进的需要，国家富强的召唤，社会进步的重托，人民幸福的希望，使他们拥有天时地利人和。他们珍惜并感恩这种天赐良缘和千年难逢的时代机遇，认识并掌握"三合一""中国梦"及其实现的理念、思维与行为规范模式，拥有在国家新兴战略产业或"中国制造 2025"或"互联网+"产业中某个细分技术研发领域或市场具体开拓与运营的条件和素质与能力，具有将国家任务、职业理想和个人愿景有机实现的管理理念与方式方法，有自己科学合理、效果卓越的科技成果转化行业职业生涯规划。他们因机缘巧合，强强互补，组成科技成果转化与经营管理团队及公司。他们在国强民富的"准科技企业家时代"，通过自身与团队的努力，在全面建成小康社会、建设创新型国家过程中，使自己成为一名集时代精英使命与民族英雄责任于一身，有财富、有知识、有文化、有道德情操与家国情怀及社会主义核心价值观的科技企业家。

二、职业属性定义

当前，科技成果转化虽尚未行业化，但既有法律定义，又有国策支撑，也有学术论述，更有日新月异的实务工作面貌，迎来了欣欣向荣全面高速大发展。其从业人员队伍不断发展壮大，已成时代最热门工作之一。科技成果转化行业，既是通泛统筹的一种职业概念，也是相应细分岗位定义最基本的内涵表述与外延界定。我们必须明白这个行业是做什么的、基本工作流程与内容诉求是什么，才能确定做这些事的人是什么样的人，应如何按岗位职责与职业化或专业化特征给出细分定义。

本书吸收消化创新理论观点，结合创新驱动发展战略国策及全面深化改革学习领悟，紧紧围绕科技成果转化行业化建设要求，以职业化和专业化标准，按系统管理学，梳理归类科技成果转化行业实务工作流程，研究当代科技企业家及相应从业人员的理论定义，提出以科技企业家为核心的科技成果转化行业人才体系概念，以统一理论，指导实践。

笔者以科技成果转化行业化及科技成果转化行业人才职业化与专业化为诉求，探讨科技成果转化行业人才需求结构及专业人才定义。研究什么人在从事科技成果转化行业？这些人是如何进行相关工作及如何对此进行职业认定的？由此，描绘出以科技企业家为核心人才的科技成果转化行业人力资源总体轮廓与发展方向，以及本质特征和时代特色。

笔者很荣幸在三十几年的工作生涯中，不仅与国家 37 年改革同步发展，而且，在实际工作中先后跨越金融、企业、科技三界，分别深刻亲身体会了不同的行业主体角色，可以从科技与经济融合的不同方面角度理解认识研究科技成果转化行业人才体系。

本书科技企业家这个定义提法产生的理论依据与合理性实证，源于我国科技成果转化的发展历程。此定义是对我国科技成果转化市场化主体地位渐渐明确深化，以及创新驱动战略引领的全面深化改革对"科技成果转化"概念体系与时俱进的修正补充；相应于改革开放以来科技成果转化行业环境定义，从科研成果开发→技术手段应用→技术产品生产→技术转移推广→技术交易项目，直至当前科技成果转化行业的发展演变而成；是对诸如"工业企业科技活动""R & D""科技成果转化"等政策性统计口径所属人才定义整合提炼形成的。

本书科研写作的理论基础根植于"创新管理理论"与《中华人民共和国促进科技成果转化法》（2015年修正版）。其理论成果是作者在对国外先进创新理论吸收消化，国内当代创新学术成果借鉴，对科技成果转化法律政策解读基础上，对中国科技成果转化工作进行历史归纳与抽象演绎研究的科研成果。

徐辉、费忠华教授将科技成果转化视为一项复杂的且在不同组织中完成的系统工程。有如下子系统：（1）主体系统——包括参与科技成果转化的生产单位、科研院所和高等院校，三者既是成果转化的载体，同时又是受体。（2）支持系统——包括资金、人才、物资及成果本身的成熟度、适用性、市场前景等方面。（3）政策环境系统——包括支持与引导科技成果转化顺利发展的所有政策措施。（4）中介系统——是成果转化方与受让方的桥梁，是提供科技成果转化需求信息，进行科技成果交流、交易、传递、扩散的媒介。（5）宏观调控系统——是政府相关职能部门，是科技成果转化过程中的宏观领导者和管理者。

本书以此为主干，对科技成果转化实务工作全过程所涉流程岗位进行梳理归类，并按职能、职责给出定义，勾勒出科技成果转化行业人才体系图。

（一）科技企业家身份定义

当前，我们对科技企业家的概念认识，往往是报纸杂志的一种提法而已，尚无明确权威的职业身份定义及大众普遍认知约定成俗的一种说法。实际上，科技企业家成为一种新兴职业角色已在当今经济建设，特别是科技工作领域崭露头角。这一职业和人群，已渐渐引起管理者、学术界、实际工作者频繁地关注思索。随着党的十八大三中全会全面深化改革决策的提出，科技成果转化工作不断全面深入发展，从理论上不断产生社会学范畴和管理学领域学术研究课题，也因当前科技与经济融合创新社会发展的实际工作，科技企业家在国民经济与社会发展中，越来越显示出其日渐重要的作用意义及职业特征。科技成果转化行业研究从理论到实务正成为当前重大热门研究课题。

本书从企业管理学理论角度，将科技企业家定义为实现科技成果转化的高层团队成员。即以公司注册为标志，以现代化企业为组织平台，以科技成果转化为行业，以创新发展为经营盈利模式，以推广应用自创或独占实用价值的科技成果形成产业化规模为目标，不断履行科技成果转化科研开发与经营管理职责行为的人们"。从企业管理组织学来说，科技企业家有别于传统科学家或企业家概念，其不是仅指法人代表或总经理等担当具体职位的个人，还指拥有企业科技成果转化与经营管理团队的高新企业所有高级成员，是一个团队身份概念而非个人单独职业定义。

在理论与实务中，科技企业家却在人才含义上与"科学家"和"企业家"一样。其既是一种具备相应资格和素质，从事科技企业创办或经营管理高层人士的身份称谓，也是一种因此类人士从事的工作内容与社会分工及行业特征所界定的职业标识；是一种将具体工作融合科技与企业两界内容，而知识经验技能横贯科研与管理运营，且思维能将两者整理综合成一门管理理论和操作技能，并通过科技型中小企业创建和运营有效发挥运用，以技术链支撑产业链和经济实力驱动科研能力双向互补的方式，实现该企业的社会与经济效益双丰收的新兴复合型高端人才。

科技企业家的基本特质表现为：他们以"科学技术是第一生产力"为理念，以科技成果转化为工作领域及行业划分。在以科技研究或企业管理为特长的基础上，本着科技与经济融合的目的，有跨界学习掌握另一门职业知识技能并擅长团队协同、科学运营。具备通过科技与企业知识、技能跨界整合运用，创建和经营管理科技型中小企业或高新技术企业。能够成为一名既具有实际科研或组织管理科研的能力，又具备经营管理知识或领导素质，从而做到既通过科研实现盈利，又通过盈利发展科研的新兴职业团队成员。

科技企业家基本入行经历条件。他们一般在从事具体科技成果转化早期或中期工作时担任项目（课题）负责人，后期工作中担当科技企业经营管理团队高级成员之一，且两阶段从组织与个人连接上可以角色不延续对位。或者说，科技企业家必须是一家科技企业领导层的一员。其职业特长和专业技能不一定只局制于科技研发。他们拥有除产品研发技术以外的经营管理某一领域的专业特长，融入科技企业领导班子，而成为科技企业家。

他们以科技成果转化为行业经营内容，以各自拥有的企业管理方面的不同专业优势合作，同创共享通过科技成果转化成为现实生产力带来的风险利润。凭借企业发展与团队成功，实现自我事业与生活的梦想！他们的个体身份类型可能分别是"技术型科技企业家"或"管理型科技企业家"或"资本型科技企业家"或"法务型科技企业家"或"产权型科技企业家"。

（二）科技企业家预备役团队成员

以市场为导向，企业创新发展为目标的科研项目立项（无论计划内外），启动科技成果转化早期科研活动和中期技术活动，产生了科技企业家预备役团队即"R&D专家"。同时，按"R&D专家"在科技成果转化过程中的位置与状态细分，有以下分类：①在实验室从事科技成果转化成品研究的"商用科学家"；②在开发或中试基地从事科技成果转化产品研究的"商用工艺师"；③在生产车间或企业从事科技成果转化商品研究的"商用工程师"。这些人才的科研团队搭建既有统一集中或一条龙组建形式，又有产、学、研或不同组织或不同专业合作的方式，合作形式越来越开放不一。

上述所列"R&D专家"及"商用科学家""商用工艺师""商用工程师"，还有"技术型科技企业家""管理型科技企业家""资本型科技企业家""法务型科技企业家"与"产权型科技企业家"等科技成果转化行业人才，均来自科技成果转化主体系统。

（三）成果转化支持系统人才

（1）"科技风投师"——专门从事科技成果转化创业投资及项目投资。

（2）"科技创业导师"——熟悉科技、金融、企业三界，有运作协调创办科技企业的丰富经验，可做强强联合的推手及新兴科技企业家的导师。

（3）"科技评估师"——专门就科技成果的成熟度与商业价值进行评估。

（四）成果转化政策环境专家

无论是科技成果转化的政策环境，还是科技成果转化的市场环境，科技企业家要实现科技成果的成功转化，就必须熟悉适应、了解把握。在具有中国特色的社会主义市场经济条件下，基于对政策的宣讲与解读两方面的需求，还有对科技成果转化各方信息不对称问题的解决，科技成果转化政策环境专家更多的是由从事促进科技成果转化相关工作的专业人才担当。主要有：

（1）"科技咨询师"——不仅要熟悉科技与经济政策法规，还要精通企业管理，通晓科技计划项目管理与工商企业经营管理，从事科技企业辅导咨询服务。

（2）"科技讲师"——以精深的科技成果转化政策水平、丰富的科技创新知识及科技企业创办经营经验，推广宣讲科技成果转化政策、知识、技能。挖掘培养科技成果转化人才的同时，进行科技成果转化理论建设与案例形成课题研究。

（五）成果转化中介系统人才

（1）"科技项目经理"——提供科技成果转化项目全程服务。专门协助科技企业运作科技成果转化项目。

（2）"科技经纪人"——专门为科技成果转化各方牵线搭桥，充当代理人。

（3）非专业的技术转移服务人员——除上述有明确职称的科技成果转化专业人才外，以当下科技成果转化的技术市场即技术转移业务运营内容来说，尚有以下几种技术转移服务人员即在科技成果转化机构服务商工作的市场业务人才。

①信息服务人员——从事信息收集、整理、分析、处理等业务。

②特定科技的商业研发服务人员——专门为产业创新技术开发示范市场化或产业化技术开发业务服务。

③ 交易服务人员——在技术交易场所从事交易平台服务。

④ 经纪服务人员——这类经纪服务人员有别于科技经纪人，专指没有资格证书但在职业技术经纪机构从事促进技术转移服务的人员。

⑤ 技术集成业务人员——通过受让或购买科技成果，再集成和二次开发，再转卖他方。

⑥ 技术经营业务人员——主要以技术培训、技术评估、技术答疑、技术咨询以及技术、专利或其他知识产权买卖经营为主。

⑦ 平台建设业务人员——为科技成果转化的组织与工作提供软件开发维护和硬件维护与管理服务。

张晓凌不仅对技术转移业务有上述全面准确的分类研究，而且他说"服务机构不一定是专门的，但是，服务业务和服务人员必须是专业的。"这充分表达了他对科技成果转化行业人才专业化或职业化的科学态度。

（六）成果转化宏观调控人才

科技成果转化宏观调控人才主要是促进科技成果转化型人才。这些人才的宏观职能就是，在政府相关职能部门执行政策、运用国家资源、行使行政权力促进科技成果转化。当前对这些人才的要求是作为国家工作人员，以"经济人专业心"，以职业化姿态而非官家作风，专业地服好务。用政府资源引导好民间资源，做好体制内外的协调，形成科技成果转化合力，让中国科技进步对经济增长的效应赶超发达国家。

（1）行业管理人员的服务——指政府部门的科技管理、专利登记管理、技术市场管理、相关政策法律研究制定、科技成果转化基金运行管理等方面服务。（按当前国家科技计划改革方案，除宏观调控性质工作外，具体基金、专项管理岗位都剥离给了执行国家科技计划项目管理的专业机构。）

（2）专业指导人员的服务——指政府部门在技术壁垒、反垄断、反倾销等事务上，以及在相关行业标准、产业化上的指导服务。

总而言之，本书通过对科技成果转化系统及实务工作流程的综合分析，梳理出科技成果转化行业人才体系，即五个子系统18种专业人才。此体系以科技企业家为核心，形成实现科技成果转化的人才体系。理想的科技成果转化行业人才效应是彼此职能分工、专业协同，着力于科技成果转化成现实生产力。通过科技成果转化行业的发展及科技进步对经济发展促进，实现国家、集体、个人共同富裕。

第二章 科技成果转化发展的五个阶段

本书将中国科技成果转化行业发展，从政府法规角度划分为三阶段（历史），从国家政策定义与战略规划界定为两阶段（未来）。按当代前后一百年间的过去、现在与将来分五个阶段来写作。

一、R&D 阶段

R&D 阶段即科技创新初创—停滞—发展时期（1949—1996 年）。

所谓 R&D，即研究与试验发展，是指在科学技术领域，为增加知识总量以及运用这些知识去创造新的运用进行的系统的创造性的活动，包括基础研究、应用研究、试验发展三类活动。"R&D 专家"是指在 R&D 机构内从事基础研究、应用研究和试验发展三类活动的人员，包括直接参加上述三类项目活动的人员以及这三类项目的管理人员和直接服务人员。"R&D 经费"来源有：①政府资金；②企业资金；③国外资金；④其他资金。"资源投入模式"是指在一个国家或地区，R&D 投入的总量中占主导或支配地位的主体来源，以及由该主体的利益取向和行为方式决定的融资方式和投入方式。从世界大部分国家 R&D 的发展历程看，基本上是经历了三种主要模式：即政府主导型、政府企业双主导型和企业主导型的 R&D 投入模式。

（一）1949—1996 年典型的政府主导型时期

在此阶段，从 R&D 资金投入结构上看，我国长期以来一直属于典型的政府主导型。中国科技一方面致力于科技指导思想和创新体系的框架确立，另一方面力争在国防尖端技术方面取得突破。新中国成立之初就建立了中国科学院。1956 年制定了《1956—1967 年科学技术发展远景规划》，提出了"向科学进军"口号。1958 年中华人民共和国科学技术部前身即中国科学技术委员会设立。创新行业形态主要表现为，以"两弹一星"辉煌成就，带动高技术产业及相关产业的发展。

1966—1976 年"文革"时期，中国科技工作，特别是创新发展受到严重阻碍，从理论建设到实务工作全面停止。

1977 年邓小平在《关于科学和教育工作的几点意见》中提出"要实现现代化，关键是科学技术要能上去"。国家科委的重建，《1978— 1985 年全国科学技术发展规划》的制定，成为了中国科技工作的重要转折点。这意味着科学技术重新迎来了充满生机活力的春天！

1978 年，全国科学大会提出"科学技术是第一生产力""四个现代化，关键是科学技术现代化""尊重知识、尊重人才"等方针，首次将科学技术视为经济发展的主要动力。这为科学技术与国民经济融合发展和创新国策的确立奠定了政策基础。

1981 年国务院明确提出，"发展经济必须依靠科学技术，科学技术工作必须为发展经济服务"。1982 年在《关于编制十五年（1986—2000 年）科技发展规划的报告》中进一步贯彻了此项基本方针，强调科技与经济的结合。

1982 年在党的十二大报告中，第一次把发展科学技术列为国家经济发展的战略重点。

1992 年邓小平在南方谈话中再次强调"科学技术是第一生产力"。科学技术与经济融合发展得到政府大力倡导。

1983—1988 年，国家先后出台了高技术研究发展（863）计划、火炬计划、星火计划、国家自然科学基金等科技计划项目，从不同层面对创新活动的开展提供了计划指引。

（二）1996—2013 年的政府、企业双主导型过渡期

此阶段，中国从 R&D 阶段进入了科技成果转化第一阶段。资金投入比例特征显示，我国 R&D 资金投入主体已经开始从政府主导型向政府、企业双主导型过渡。

联合国教科文组织在 1971 年出版的《科学应用与发展》中把各国工业化发展的过程分为四个阶段：工业化前阶段、工业化第一阶段、工业化第二阶段和工业化后阶段。根据此划分标准，中国目前基本是处于工业化第一阶段的后期，开始了向工业化第二阶段的转化。现阶段我国 R&D 投入主导模式与工业化进程匹配呈现出政府主导型向政府、企业双主导过渡转化。但这种过渡模式本身仍然带有较强烈的政府主导型特征。

在此阶段，1995 年全国科技大会以及《关于加强科学技术进步的决定》《"九五"计划和 2010 年远景目标规划》均提出，将"科教兴国"作为中国首要的发展战略。

1996 年《关于"九五"期间深化科学技术体制改革的决定》《"九五"全国技术创新纲要》提出了产学研合作模式和以企业为主的自主创新战略，为国家创新体系形成提供了政策基础。

1997 年在党的十五大报告中再次明确提出，将"科教兴国战略"作为跨世纪的国家发展战略之一。

1998 年全国科技创新大会的召开，标志着创新活动在政策、技术以及知识层面的紧密结合和全面发展。

2006 年全国科学技术大会再次提出，增强自主创新能力、建设创新型国家的

战略部署。

2007 年党的十七大上更明确指出，要坚持科学发展观，努力提高创新能力，建设创新型国家的发展战略要求。

（三）2013 年至今的企业主导型时期

当前中国已从 R&D 阶段进入了科技成果转化第二阶段。R&D 资源投入模式向企业主导型转变已不可逆转。"R&D 专家"顺应时代发展而转轨变型成为科技企业家已成必然。

当今"R&D 专家"转型成为科技企业家表现为一种符合社会或经济发展规律的职业发展方向，有很好的政策环境，也有国家与民间资源的支持。转型问题主要在于"R&D 专家"是否以市场价值导向，懂不懂以团队协同与领导技能为核心的企业管理，有没有以资源互补、形成合力的认知与经验为基础的科技企业家精神，是否真正实现从科技人才到科技企业家的角色转换。

在科技成果转化实际工作中，"R&D 专家"转变为科技企业家，最可行且科学的途径就是以市场导向，从本职工作出发，整合现有团队，形成有效的专业技能互补优势，升级平台和团队，使自己成为科技企业家的一员。

在具体实践中，"R&D 专家"应该清楚科技企业家团队成员概念，明白自己的所长所短，以公司经营管理团队搭建为切入点，按科技成果转化所需行业人才选择合作伙伴，实现强强联合，成为科技企业家群体一员。持技自傲、东施效颦；将科技成果转化简单地当成卖成果；忽略轻视以产品占领市场、向经营管理要效益的企业行为；不知道科技成品与产品及商品的区别和关系；没有组建经营管理团队及运营现代化企业是科技成果转化最佳路径的意识和能力等成为科技企业家的认识误区，从而导致部分人员素质能力低下问题。

二、科教兴国战略时期

科技成果转化第一阶段即科教兴国战略时期（1996—2013 年）。

1996 年 10 月 1 日《中华人民共和国促进科技成果转化法》（以下简称"促进本法"）颁布后，开始出现 R&D 和科技成果转化两者并行发展局面，进入"科技成果转化第一阶段"。

"促进本法"对"科技成果转化"作出了最权威定义："科技成果转化，是指为提高生产力水平而对科学研究与技术开发所产生的具有实用价值的科技成果所进行的后续试验、开发、应用、推广直至形成新产品、新工艺、新材料，发展新产业等活动。"

仅就"促进本法"所列"科技成果转化"概念表述分析，其外延对象包括了"科技成果所进行的后续试验、开发、应用、推广直至形成新产品、新工艺、新材料，发展新产业等活动"共计 4 项实现不同科技成果的过程。其科技成果转化内涵概念重点清晰地表现在上述 4 项活动中，而不是形成新产品、新工艺、新材料以后的商业化与产业化活动。与此概念对应的科技成果转化实际工作也表现出"科技工作"→"研究与试验发展"→"技术转移"渐进的发展过程。

我们将科技成果转化第一阶段界定为"科教兴国战略"时期。此阶段"科技成果转化"概念以"促进本法"表述。国家战略理念表达的是在一定程度上仍然沿袭计划体制为主时期"科教兴国战略"的含义，还停留在中国舍去经济性，而追求纯技术创新的历史范畴。对应于 R&D、技术转移等实务，本概念体现了"科教兴国战略"的观念、定位、规划、过程与模式，属于十八大三中全会以前的改革创新年代。

此阶段除了上述"R&D 阶段"所列的科技创新历史节点外，还有：

2006 年《国家中长期科学和技术发展规划纲要（2006—2020 年)》明确了"提高自主创新能力、建设创新型国家"的国策。

2012 年在全国科技创新大会上，党中央、国务院对深化科技体制改革、加快国家创新体系建设作出全面部署，提出了创新驱动发展的战略要求。

2012 年党的十八大报告明确提出，科技创新是提高社会生产力和综合国力的战略支撑，必须摆在国家发展全局的核心位置。正式成型出台了创新驱动发展战略。

另外，此阶段早期即 20 世纪 90 年代初，在实务工作与理论文章上开始产生了科技企业家概念。同时，诸如"学术型企业家""科技实业家""科研人员办企业"等提法也相应出现。这些概念提法的产生均来自其"科技"与"企业"两大行为对象的表象结合，尚未与科技成果转化行业人才概念挂钩，属于科技企业家早期概念定义。

三、创新驱动发展时期

修正"促进本法"，进入"科技成果转化第二阶段即创新驱动发展战略时期"（2013—2015 年)。

"促进本法"运行近二十年来，"科技成果转化"渐渐发展成为了科技工作的重中之重，成为实施创新驱动战略，建设创新型国家国策的途径。科技成果转化项目实施不仅成为科技行政管理的一号工程，而且，成为全面深化改革时期经济发展的核心驱动力和主战场。以 2013 年 11 月党的十八届三中全会召开为节点，以"创新驱动战略实施""全面深化改革时期到来"和开始进行"'促进本法'修正"为标志，进入了"科技成果转化第二阶段"。

在此期间，国家政府明确了科技成果转化行业核心基础战略产业地位。党中央与中央政府开始"四个全面"战略布局，开展了"大众创业、万众创新"活动，制定了《中国制造 2025》、"互联网+"行动战略规划，以适应世界因新一轮科技革命带来的第四次工业革命。紧接着，国家启动了中央财政科技计划（专项、基金等）项目管理改革。2015 年 8 月 29 日，第十二届全国人民代表大会常务委员会第十六次会议通过了《关于修改〈中华人民共和国促进科技成果转化法〉的决定》修正案。正式公布了新版本《中华人民共和国促进科技成果转化法》（以下简称"促进本法修正版"）。此法公布标志着科技成果转化发展进入"准科技企业家时代"。

此阶段，整个科技成果转化的发展进程，从其目标、任务、措施、路径逐步明确的时间轴来看，都是与习总书记为首的党中央和中央政府"四个全面"战略部署，实现中国梦的治国理政策略方针相吻合一致的。

"四个全面"战略部署是党和国家在不同高层会议上逐步提出的：

2012 年 11 月十八大提出全面建成小康社会；

2013 年 11 月十八届三中全会提出全面深化改革；

2014 年 10 月十八届四中全会提出全面推进依法治国；

2014 年 10 月 8 日党的群众路线教育实践活动总结大会上提出全面推进从严治党。

最终，系统全面地形成了治国理政实现"两个一百年"中国梦的总体战略框架思路及具体理念、路径，也明确了科技成果转化行业发展的方向和前景。

四、准科技企业家时代

下一个阶段是"准科技企业家时代"（2016—2020 年）。

此时代，有三大标志和主体内容。一是国家正式修正"促进本法"，形成建设创新型国家的基础环境条件；二是中国共产党成立一百年全面建成小康社会中国梦；三是国民经济与社会发展"十三五"规划执行。三者叠加形成在"十三五"实现中国共产党成立一百年全面建成小康社会中国梦的"准科技企业家时代"。

在此期间，科技成果转化行业逐渐确立了国民经济与社会发展的核心基础产业地位。科技成果转化行业从业者实现中国梦的理念思维与行为规范，发挥"十三五"创新型国家建设的先锋作用的时代使命与重要责任，正随着全面深化改革而渐渐清晰明确。科技成果转化行业，这条利国利民利己的职业发展康庄大道已呈现在世人面前。展望科技成果转化发展历程，在经历"十三五"的开局两年后，初步形成了全民创新型国家建设共识，奠定了科技企业家的地位作用，进入了实干兴国兴家的创新型国家建设的冲刺关键期。科技成果转化行业从业者面临抓不抓得住时代机遇，利不利用得了"三合一"中国梦的时代发展优势特色，实现国强民富己发展的国家民族的、团队家庭的、职业个人的"三合一"中国梦，成为集时代精英使命与民族英雄责任于一身的成功科技企业家。到 2020 年，"十三五"规划执行完毕，理想的"准科技企业家时代"应当是这样：国家、职业与个人三个层面从理念行为、法律制度与资源、人才等方面做好了建设创新型国家的准备；全民处于小康生活水平；每一位科技成果转化行业从业者，无论工作还是生活面貌，都会表现出轻松、自然、快乐、友善；履职尽责守本分，讲究全民利益共同体已成为普适原则；社会呈现时代发展、国家进步、民族兴旺和人民安康的美景；普通老百姓怀疑、彷徨，有无知识能力一个样的工作生活状况一去不再。在根据国家政策和战略规划定义的"准科技企业家时代"，科技成果转化行业有梦有路有支持有前景，只等待科技成果转化行业从业者勇于进取，敢于登攀，尽情享受本职工作带来的无限职业风光与专业风采！

五、科技企业家时代

最后一个阶段是"科技企业家时代"（2020—2050 年）。

此时代，由三大标志和一个目标构成：一是国家建成全面小康社会；二是中国建设创新型国家的一切基础环境条件准备就绪；三是中国开始建设富强民主文明和谐的社会主义现代化创新型国家。一个目标即 2050 年实现新中国成立一百年建设富强民主文明和谐社会主义现代化创新型国家中国梦。

第三章　科技成果转化的行业性革命

创新驱动发展战略是科技成果转化的主体方向和目标。科技成果转化是创新驱动发展战略的基本路径与内容。创新驱动发展战略国策带来科技成果转化的行业性革命，促进了科技成果转化理论和实务质的飞跃。正确理解创新驱动战略是科学解读"科技成果转化"概念、合理有效指导实际工作的前提。

一、创新驱动发展战略的确立

2012 年 11 月召开的党的十八大明确提出："科技创新是提高社会生产力和综合国力的战略支撑，必须摆在国家发展全局的核心位置。"强调要坚持走中国特色自主创新道路、实施创新驱动发展战略。

党的十八届三中全会确立了中国未来全面深化改革的基调，将创新驱动发展战略作为建设创新型国家的基本模式。而作为创新驱动发展战略实施的重要内容的科技成果转化，自然进入了一个行业全面发展提高的新阶段。为此，国务院法制办公室将《中华人民共和国促进科技成果转化法（修订草案送审稿）》（以下简称"修订送审稿"）发布公开征求意见，用国家层面的法律行为跟进科技成果转化迅速全面发展的现实。以实现创新驱动发展战略要求为导向，科技成果转化从理论到实务进入行业化与职业化、专业化革命的第二阶段。

创新驱动战略的确立，提升了"科技成果转化"在国民经济乃至国家建设中的核心地位，明确了其在市场化进程中的主体角色，体现了"科技成果转化"现阶段的基本特征，形成了"科技成果转化"行业化及职业化、专业化发展的现实基础并提出了发展要求。

二、实施创新驱动发展战略的意义

首先，实施创新驱动发展战略，对我国形成国际竞争新优势、增强发展的长期动力具有战略意义。改革开放 30 多年来，我国经济快速发展主要靠发挥劳动力和资源环境的低成本优势。进入发展新阶段，我国在国际上的低成本优势逐渐消失。与低成本优势相比，技术创新具有不易模仿、附加值高等突出特点，由此建立的创新优势持续时间长、竞争力强。实施创新驱动发展战略，加快实现由低成本优势向创新优势的转换，可以为我国持续发展提供强大动力。

其次，实施创新驱动发展战略，对我国提高经济增长的质量、加快转变经济发展方式具有现实意义。科技创新具有乘数效应，不仅可以直接转化为现实生产力，而且可以通过科技的渗透作用放大各生产要素的生产力，提高社会整体生产力水平。实施创新驱动发展战略，可以全面提升我国经济增长的质量和效益，有力推动经济发展方式转变。

最后，实施创新驱动发展战略，对降低资源能源消耗、改善生态环境、建设美丽中国具有长远意义。实施创新驱动发展战略，加快产业技术创新，用高新技术和先进适用技术改造提升传统产业，既可以降低消耗、减少污染，改变过度消耗资源、污染环境的发展模式，又可以提升产业竞争力。

三、如何推进创新驱动发展战略

推进实施创新驱动发展战略，做好科技成果转化工作是一项系统工程。

首先，细化战略目标。党的十八大报告提出，到 2020 年我国进入创新型国家行列。国际上普遍认可的创新型国家，科技创新对经济发展的贡献率一般在 70% 以上，研发投入占 GDP 的比重超过 2%，技术对外依存度低于 20%。目前，应将我国建设创新型国家的目标进行分解和细化，建立完成目标的组织架构和任务体系，让各部门、各层面、各单位按照明确的目标任务推进。

其次，提高自主创新能力。我国很多产业处于国际产业链的中低端，消耗大、利润低，受制于人。只有拥有强大的自主创新能力，才能在激烈的国际竞争中把握先机、赢得主动。提高自主创新能力，一是要瞄准国际创新趋势、特点进行自主创新，使我国的自主创新站在国际技术发展前沿；二是要将优势资源整合聚集到战略目标上，力求在重点领域、关键技术上取得重大突破；三是进行多种模式的创新，既可以在优势领域进行原始创新，也可以对现有技术进行集成创新，还应加强引进技术的消化吸收再创新。

再次，构建以企业为主体、市场为导向，产学研相结合的技术创新体系。第一，进一步确立企业的主体地位，让企业成为技术需求选择、技术项目确定的主体，成为技术创新投入和创新成果产业化的主体；第二，高校、研发机构、中介机构以及政府、金融机构等应与企业一起构建分工协作、有机结合的创新链，形成有中国特色的协同创新体系。

再其次，加快科技体制机制改革创新。第一，建立科技创新资源合理流动的体制机制，促进创新资源的高效配置和综合集成。第二，建立政府行为与市场机制有机结合的体制机制，让市场充分发挥基础性调节作用，政府充分发挥引导、调控、支持等作用。第三，建立科技创新的协同机制，以解决科技资源配置过度行政化、封闭低效、研发和成果转化效率不高等问题。第四，建立科学的创新评价机制，使科技人员的积极性、主动性、创造性充分发挥出来。

最后，建设科技成果转化科学、高效的运行系统。第一，科技成果转化行业化势在必行；第二，科技成果转化行业人才职业化与专业化培训必不可少；第三，科技成果转化行业从业者实现中国梦的理念思维与行为规范建立至关重要。

"科技成果转化"修订概念表达了十八大正式确立创新驱动战略后，全面深化改革时期"创新驱动战略"的含义，体现了创新强调科技与经济融合，突出创新经济性质的理念转化。其不仅从概念完善了创新范畴，健全了创新管理体系，而且使"科技成果转化"真实有效地成为创新驱动战略实施的重要力量、建设创新型国家的重要途径；使科技成果转化的概念既对应于泛指知识转化为文化，转化为社会生产力和综合国力，产生经济效益和社会效益全部过程的创新定义，也对应于技术转移、科技成果转化本身等实务。

"科技成果转化"新旧概念的分水岭即科技成果转化第一阶段与第二阶段的划分的标志，就是党的十八届三中全会。党的十八届三中全会正式出台实施创新驱动战略，这既是国家发展战略转轨变型的标志点，也是"科技成果转化"新旧概念的修正点。

科技成果转化行业从业者在理论研究或实际工作中，新旧概念的划分以十八届三中全会为标志。我们可以将十一大至十八届三中全会之前的时间划分成"科教兴国战略"指引下的改革开放时期，据此回顾分析这段历史。将十八届三中全会之后及未来一段时间划分为"创新驱动战略"引领下的全面深化改革时期。据此准确解读相关政策法规，理清其实务工作口径，精确定位职能作用，提升创新管理能力与理论政策水平及执行力，领悟顶层设计思路。科技成果转化行业从业者从本职工作出发可以不断进行基层首创式工作，做到可持续性发展。

笔者通过理解领会"创新驱动战略"给"科技成果转化"基本概念带来的发展变化，认为创新驱动战略成为建设创新型社会的国策，无论是从政策，还是从实务、理论上都成为"科技成果转化"阶段性标志。由此，体现出科技成果转化行业化的强烈要求。它也让我们更好地了解创新驱动战略在全面深化改革时期对"科技成果转化"概念体系修正补充的深刻内涵与作用意义；认识我国已从"R&D"和"技术转移"发展到了"科技成果转化"的创新时代。"科技成果转化"是创新驱动发展的主要路径和基本方式。科技成果转化管理是创新管理的时代特征。这有利于科技成果转化行业从业者理论联系实际，以经济人思路，创新驱动战略眼光，市场化手段，用职业化与专业化方式建设促进科技成果转化行业发展；把握好全面深化改革时期"科技成果转化"的时代机遇，与时俱进使其理论到实践都有一个健康蓬勃持续有效的大飞跃；科学有效地从事科技成果转化工作，为建设创新型国家做出更大的贡献。

四、科技成果转化迈入新时代

"促进本法修正版"公布，标志着科技成果转化发展进入了"准科技企业家时代"。"促进本法修正版"的公布，虽然在概念上对科技成果转化没有创新变化，但就科技成果转化实施与管理等方面，特别是对科技人员进行知识产权保护运用在法律上进行了大幅度的支持鼓励内容的增补，提高了科技人员科技成果转化的积极性与主动性。

"科技成果转化"概念通过"促进本法"发展已 18 年。2015 年 8 月 29 日"促进本法修正版"正式公布，再次沿用过去"科技成果转化"的定义，即"本法所称科技成果转化，是指为提高生产力水平而对科技成果所进行的后续试验、开发、应用、推广直至形成新技术、新工艺、新材料、新产品，发展新产业等活动。"但全法细目条款由过去的 37 条增加到了 51 条，并对国家科技计划项目的科技成果转化及职务科技成果，以及科技成果转化的组织实施、保障措施、技术权益和法律责任作了更具体明确的修正补充，形成了较为完善的科技成果转化纲领性法律文件。

非常遗憾的是，"促进本法修正版"整体概念思路，跟当前迅猛发展的科技成果转化国家要求与实务工作进程匹配不足。没有科技成果转化行业定义与管理标准法律规范体现，尚停留在对科技成果转化行为法律定义阶段。只能起到科技成果转化行业发展进入到"准科技企业家时代"的事件标志和划分节点作用。

笔者认为，国家"促进本法修正版"修正，应该主要源于对中国科技成果转化工作历史内容和发展前景的理论研究与实践经验归纳总结；是吸收消化国外百年创新管理理论学术成果的体现；更是国家实施创新驱动战略，促进科技成果转化活动的法律方案；是中国科技成果转化工作卓有成效的可持续发展所必需的法律规范和行动指南；是集我国最杰出的专家学者与实际工作者理论与实务成果之大成，即代表我国最权威的法律界定与最高级别的国家定义。

我们盼望并相信在为建设创新型国家做好法律制度等环境条件准备的"准科技企业家时代"，国家一定会根据科技成果转化发展的趋势，突破新中国成立后中国计划经济体制的局限，以及"科教兴国战略"时期的时代局限，随着"四个全面"战略部署实施，科学把握以创新驱动发展为战略，以创新管理为理论，以科技成果转化为实务，以科技企业家为主体的新兴核心基础战略产业——科技成果转化行业发展的时代机遇，为科技成果转化行业发展与职业化、专业化运行管理提供必需的与时俱进法律定义。

科技成果转化行业在国民经济与社会发展中的核心基础战略地位，不仅体现在国家政策定义与战略规划里，也体现在实施创新驱动发展战略全面深化改革的实际工作中。贯彻落实全面依法治国战略在科技成果转化行业建设与学术建设领域的执行，需要国家法律为科技成果转化行业从业者从理论到实务，建立健全、提升改善科技成果转化行业学术水平、职业标准、行业规范与从业人员素质保驾护航！这一系列相关法律的拟定，应当是科技成果转化行业从业者的理论研究成果与实务工作经验的表达；是国家智慧与国家意志层面，最权威的法律定义；是国家行政统计口径的正确体现。正式颁发的科技成果转化法律，应当要奠定科技成果转化行业发展的法律基础与管理规范。有统一界定与科学规范科技成果转化行业从业者的职业习惯与专业行为，使之与"准科技企业家时代"与科技企业家时代"三合一"中国梦及其实现的理念思维与行为规范相符，具备科学有效依法建设创新型国家的法律指南与行为规范作用。

在为建设创新型国家准备法律制度等基础条件的"准科技企业家时代"，通过法律界定与规范定义，使科技成果转化行业位列国民经济与社会发展产业统计系列，形成国家权威统计口径，并拥有相应的行业管理与运行管理标准及活动界定、行为规范，应该成为再次修正"促进本法"的时代呼吁和现实需求。

建立健全科技成果转化行业法律制度基础；与时俱进适应科技成果转化行业成为"十三五"核心基础战略产业的条件要求与发展需要；真正能让所有科技成果转化行业从业者可以依法从事企业科技成果转化与经营管理工作；改变目前科技成果转化行业发展法律制度与理论学术建设滞后于国家战略与实际工作的状况；这些是科技成果转化迈入新时代，国家管理者与法律工作者及科技成果转化从业者应做的基本工作。

第四章　科技成果转化理论

"创新驱动发展战略"以及其激活的古典创新理论，成为科技成果转化理论基础。

国家实施创新驱动发展战略激活了古典创新管理理论，使其在中国普及，为科技成果转化行业从业者在当前认知"科技成果转化"概念的基本内涵与外延定义奠定了理论支撑。我们现在假设科技成果转化学是一门独立系统学科，创新理论必然成为其基础理论课程。创新管理统筹科技管理与科技成果转化管理，成为其理论基础与实务指南。

全面深化改革时期，创新驱动发展战略、建设创新型国家的国策确立，为科技成果转化提供了发展的方针政策与纲要目标。更为重要的是，通过熊彼特的经济社会学，特别是其百年前首创的创新理论，科学准确重新定位了科技成果转化实务的工作内容与方向，为科技成果转化提供了理论支撑体系。由此，无论是从事实际工作，还是在理论建设上都使现阶段的科技成果转化呈现兼容并蓄、可持续发展的格局。

一、创新驱动发展战略新型理论体系

创新驱动发展战略的制定与实施，其理论依据可以清楚地从中国消化吸收国外百年创新理论，结合自身特色形成的新型创新理论体系中追溯。

德国古典经济学家费里德里希·李斯特，英国克里斯托弗·弗里曼在1987年首次提出国家创新系统概念（NIS）。其后两三年内再由纳尔逊、伦德瓦尔、波特等学者继续补充完善。他们建立起来的国家创新系统理论，是创新驱动发展战略直接的理论支撑。

经济学家约瑟夫·阿洛伊斯·熊彼特的《理论经济学的本质与内容》《经济发展理论》《经济周期》《经济学说与方法：一个历史性的纲要》及《资本主义、社会主义与民主》等理论研究著作中，对"创新"与"企业家"及"经济学"等核心学术概念的定性分析，对笔者把握创新驱动发展战略制定与实施的基础理论，科学、深入、全面、精准了解"科技成果转化"概念的基本内涵与外延定义，具有相当重要的引导启迪作用。更重要的是笔者对熊彼特的科研精神，以及经济学是科学学科观念的认知的领悟吸收，在一定程度上指引了本书写作的方向与体系建立。

二、熊彼特"创新理论"简介

熊彼特的"创新"概念是指"建立一种新的生产函数",即把生产要素和生产条件重新组合,引入生产体系使其技术体系发生变革,以获取企业利润或潜在利润的过程。包括五个部分:一是产品创新;二是技术创新;三是市场创新;四是资源创新;五是管理创新。熊彼特提出的"创新"概念及五个创新内容,科学地构架了"科技成果转化"概念及其全部内容,使得"创新理论"等同于"科技成果转化理论","创新管理"就是"科技成果转化管理"。而且,更重要的是界定了科技成果转化的内容:不仅仅是技术成果转化(创新),还应包括我们在过去实际工作中忽略了的产品、市场、资源和管理等四项成果转化(创新)。

我们理解熊彼特的理论概念,并运用于科技成果转化最重要的三点:一是"创新"不是技术概念而是经济概念,是经济发展内生的原始驱动力。二是"技术创新"只是"创新"概念内容的一部分。熊彼特的创新概念不仅包括技术创新,还有制度创新与管理创新两个内容。三是创新是发明的第一次商业化应用,没有开发利用的专利发明不能算是"创新"。以技术创新概念而言,其本身就是一个经济概念而非技术概念。中国短短30多年在计划经济基础上改革发展起来的社会主义市场经济,过分注重技术创新,严重忽略了制度创新与管理创新。这实际上是被熊彼特两个创新模型误导。熊彼特非常强调技术创新是企业壮大的源泉,技术进步是社会发展的动力,他将两个创新模型合称为"技术推动模型",表现成一种科学研究→应用研究→后续实验→技术开发→技术应用→技术推广→生产经营直至市场营销简单的线性技术推动模型,但是国人却将技术创新的作用扩大化,甚至绝对化。事实上,"创新"不仅仅是指科技发明创造,其更完整准确的概念是指把发明的科技引入企业形成新生产能力的一种企业市场化行为。

这三点对熊彼特"创新"概念的定性把握,特别是针对正处于全面深化改革初期的当代中国科技成果转化工作者来说非常重要。这是当代中国科技成果转化行业从业者从理论和实务上,全面科学吸收消化国外先进的"创新"理论关键点。做到从计划经济向市场经济转化、从技术创新向全面创新转化、从"科教兴国战略"向"创新驱动战略"转化、从科技管理与研发管理向科技成果转化管理(创新管理)转化,是建立科学有效具有中国特色社会主义商品经济创新理论的基本前提。

三、熊彼特"创新企业家"概念与现实指导意义

无论是作为科技成果转化核心人才的科技企业家,还是从事科技成果转化的其他人员,学习领悟熊彼特全面的理论思想是科技成果转化行业从业者基本理论素养的体现。熊彼特可供当前科技成果转化行业人才建设借鉴的学术论述,足以

让人了解创新理论在科技成果转化行业及人才建设中的理论作用。

熊彼特这样定义企业（科技企业）和企业家（科技企业家）："我们把新组合的实现称为'企业'，把职能是实现这种组合的人称为'企业家'。"企业家不一定是资本家、股东或技术发明人，而是有效利用生产要素进行新组合，不断实现创新的人。"但是，不管是哪一种类型，每一个人只有当他实际上'实现新组合'时才是一个企业家。一旦当他建立起他的企业以后，也就是当他安定下来经营这个企业，就像其他人经营他们的企业一样的时候，他就失去了这种资格。"

熊彼特给予了实现创新的企业家很高的社会地位。他说："企业家的成批出现是繁荣产生的唯一原因。"同时，熊彼特认为，经济发展的动力，来自除了通过企业家对超额利润的追逐实现创新职能外，还来源他定义的熊氏"企业家精神"，即：①首创精神；②成功欲；③甘冒风险，以苦为乐；④精明理智和敏捷；⑤事业心。

熊彼特"企业家"的概念是指创新者即实现"创新"，引进"新组合"职能的人。他既不是发明家，也不是风险承担者。他发挥的是管理或决策作用，但又不等同一般的经理。他必须具有创新思想、冒险精神和先见之明。它是一个职能概念而非实体概念，也不会构成他当时所属的阶级。

时至今日，我们除了吸收熊彼特对科技企业与科技企业家理论定义的主干精华外，也会与时俱进根据国情与发展，对其概念的内涵与外延进行消化修正，重新进行概念定位与范畴划分，补充形成新的理论定义，以使研究更贴近时代要求，突出其科研成果的实用价值与指导意义。

熊彼特"创新企业家"概念的现实指导作用在于，从理论上正确认识科技企业家概念，精准地理解创新驱动发展战略，科学有效地根据自身在企业科技成果转化与经营管理中所处现实环境，对本职工作进行科学准确地定位。其指导意义：一是可以让科技成果转化从业者定位准确、认识清晰、积极主动地学习掌握创新理论，进行创新思维培训；树立创新意识与创新技能，适应当前科技成果转化已成为科技工作的一号工程、重中之重的发展环境；与时俱进发挥自己实现组织与个人乃至国家使命愿景的主观能动性。二是无论是从事科技管理或研发管理，担当科技成果转化促进职责的国家工作人员，还是从事科技成果转化主体工作的产学研人员，在全面深化改革的今天，认识"科技成果转化是创新驱动发展的主要路径和基本方式"，"科技成果转化管理就是创新管理"，是做好本职工作的基础。以熊彼特的"企业家"观念指导工作思维方式的转轨变型，摆脱原来以科研技术人员为主角，科研院所为主体单一从事 R&D 式的科技成果转化概念，是当前科技成果转化行业从业者较为适用成熟的理论方法。

四、"科技成果转化"的概念

笔者通过运用创新管理理论，对中国科技成果转化工作实际演变过程进行剖析，解读国家创新驱动发展战略；领会中共中央十八届三中全会通过的报告要旨即建设统一开放、竞争有序的市场体系，使市场在资源配置中起决定性作用的基本精神；结合科技体制改革发展方向科学预测，假设科技成果转化已行业化，对科技成果转化行业进行理论和实证研究。由此形成笔者三种"科技成果转化"定义表述：①科技成果转化，是指将科学技术转化成现实生产力作为行业标志，以创新管理为主要理论体系和工作内容，以科技企业家和"科技创业导师""科技项目经理""科技咨询师""科技经纪人"及相关行政与企业管理者为从业者，对科学研究与技术开发所产生的具有实用价值的科技成果进行的商业化应用和产业化活动。②科技成果转化，是指从事将科技成果转化成现实生产力的一系列科技经济行为。其科技经济行为可以按现有企业科技成果转化与经营管理过程划分成：第一，尚未形成科技成果，但以市场为先导，商用为目的的科研项目（技术交易）或以技术创新为主要运营手段的先期日常企业经营管理活动。第二，以商用或产业化为目标的早期科研活动。第三，中期技术活动。第四，推广应用有实用价值的科技成果并形成产业化规模的后期实业活动等阶段。③科技成果转化，是指通过科研团队或独立研发人整合或吸纳扩容，增加企业管理与经济管理人才，共同创办科技型中小企业或高新技术企业，运用市场商业化方式，将形成的新产品、新工艺、新材料，推向市场，服务社会，实现利益，谋得企业不断壮大发展，直至达到产业龙头与技术领军地位，技术链支撑产业链，产业链引领技术链的全过程。

上述"科技型中小企业"和"高新技术企业"概念，出自国家行政主管部委颁布的文件规定的政策口径或定义。

在国务院与科技部、财政部1999年颁布设立"科技型中小企业技术创新基金"以来，历年一系列相关文件中，虽未对科技型中小企业有一个定义，但针对技术创新基金发放支持对象的界定，对"科技型中小企业"（非农类）规定了以下几个认定标准：

（1）具备独立企业法人资格的中小企业；

（2）主要从事高新技术产品的研究、开发、生产或服务业务，且申报的项目必须在其企业法人营业执照规定的经营范围内；

（3）管理团队有较强的市场开拓能力和较高的经营管理水平，并有持续创新的意识；

（4）具有大专以上学历的科技人员占职工总数的比例达30%以上，直接从事研究开发的科技人员占职工总数的比例达10%以上；

（5）有良好的经营业绩，资产负债率合理，每年用于技术产品研究开发的经费不低于当年营业收入的5%（当年注册的新办企业不受此款限制）；

（6）有健全的财务管理制度和合格的财务管理人员；

（7）企业须由中方控股，但由具有外国身份的留学人员个人控股的企业除外，须提供留学身份证明。

　　笔者定义"科技型中小企业"，是指科研开发团队与经营管理团队合二为一，以技术创新为企业发展的主要手段，有技术链支撑产业链，产业链引领技术链的科研运营模式，符合国家科技型中小企业或高新技术企业认定的一般性条件，涵盖全部产学研行业，本身处于科技成果转化行业的初创或成长阶段的中小微型规模企业。

　　而科技部、财政部与国家税务总局，以国科发火〔2008〕172号颁布了"高新技术企业认定管理办法"，在第一章总则第二条明确规定："本办法所称的高新技术企业是指：在《国家重点支持的高新技术领域》内，持续进行研究开发与技术成果转化，形成企业核心自主知识产权，并以此为基础开展经营活动，在中国境内（不包括港、澳、台地区）注册一年以上的居民企业。"

　　实际上，作者着重在以下几方面对"促进本法修订版"定义的"科技成果转化"概念进行了强调补充：

　　1. "科技成果转化"就是"创新"的一级子概念

　　仅从概念分析看，"科技成果转化"不仅在内涵上等同"创新"，而且，在外延，无论是在"创新"的五部分内容，还是"创新"的三方面形式都完全对应。因此，从某个角度说，我们认为，"科技成果转化"概念相当于"创新"概念；"科技成果转化管理"等同于"创新管理"；"科技成果转化理论"是"创新理论"最重要的分支理论。深入精确地掌握上述理论概念的异同，用理论指导实践，实践反证理论，既是适应当前科技成果转化执行国家战略的核心地位要求，也是专业有效自我发展的行业要求。

　　2. "创新理论"的归类定性

　　"创新理论"归类定性于经济学，为当下科技成果转化行业从业者从理论到实务理解"科技成果转化"概念突出的经济性与市场化特征，提供了正确的思维方式。特别是对于在社会主义市场经济体制下，对那些既要发挥政府控制与培育市场功能，又要贯彻市场配置资源的全面深化改革要求的政府科技成果转化宏观调控系统工作人员而言，这个归类定性对其向"经济人"角色变化与"市场化"工作思路改进，起到了相当明确具体的职能、职业角色定位作用。无论您从事的是"科技成果转化"哪一个环节的工作，都可以"科技成果转化"为行业，对应科技企业家和"科技创业导师""科技项目经理""科技咨询师""科技经纪人""科技行政管理者"与"科技企业管理者"等"科技成果转化"工作职位进行定岗定责，以相应职业素质与专业标准开展本职工作，做大做强做精做深"科技成果转化"事业。

　　3. 科技成果转化行业建设与学科建设的必要性

　　我们假设科技成果转化行业化的条件，不仅要看科技成果转化实务工作自身发展状态，以及现有科技进步对国民经济与社会发展的实际影响和战略作用，还要考量创新理论是否成为科技成果转化行业的理论基础。"科技成果转化"成为一种行业，是其自身理论与实际发展的结果，也是实现时代赋予其使命愿景的要求。

这不仅表明科技成果转化规范性要求出台的必要性，而且，也表明科技成果转化从理论上已自成体系，从实务上已能单列一种职业，在国民经济系列中应该也必须占有一个独立类别。因此探索行业特点，形成行业标准，提高职业技能，系统全面有针对性地建设其理论体系，做好科技成果转化行业化与职业化、专业化工作，不仅可能，而且十分必要。

4. 科技成果转化行业从业者及其佼佼者——科技企业家称谓的出现

熊彼特说："实际上，社会过程是一个不可分割的整体。"科技成果转化行业化及其人才的职业化、专业化趋势和要求，来源于时代和社会发展规律的要求。当前，科技成果转化已具备位居国民经济系列，成为一种法定行业的一切充分必要条件。科技成果转化是实施创新驱动发展战略国策的基本途径和内容，已是"十三五"开局之年全民共识。科技成果转化行业从业者队伍事实上早已存在且越来越壮大。科技成果转化行业从业者的佼佼者——科技企业家等人才产生的土壤日见成熟。

当前突出的问题是，全国范围内因行业建设与学科建设空白而导致科技成果转化行业人才提法认定无法统一。科技成果转化行业人才概念定位，在法律和政策上专业化、职业化定义表述的缺失，暴露了科技成果转化行业的法律制度与理论学科建设，远远低于科技成果转化行业实际发展及社会进步对其的要求的现状。

无论是对"促进本法"还是对"修正送审稿"直至对"促进本法修正版"的解读，我们不难发现，科技成果转化本身法律支撑体系依附于促进法，其概念表述也仅限于主体行为对象，没有主体行为人的定义，缺位科技成果转化主体角色描述，也没有科技成果转化主体角色定位。简而言之，虽然目前科技成果转化工作的普遍性与核心作用日趋突出，甚至在实际工作中已形成了科技成果转化行业认定基础，有众多从业人群客观存在。但，对从事科技成果转化行业的人们来说，从微观上，无论是从工作性质、工作岗位或是工作职责本身尚无一个职业认定，无从进行相应专业化和职业化训练；从宏观上，也无法就从事的科技成果转化工作作出一个清楚明确的行业界定，失去了有效进行行业管理规范与提升发展的基础。更现实重要的是，从理论到实践凸现了科技成果转化人才建设严重滞后时代要求的现象，严重缺少对实务工作日趋强烈地呼唤科技成果转化行业人才的回应。不仅科技成果转化行业人才建设刚起步，而且，对这一行业肩负的使命要求产生强国富民带头人的时代精英培育扶持的专门研究与经典案例尚未形成。亟待加强从理论到实务对科技成果转化行业人才概念体系架构及相关职责、所需技能，还有发展愿景与职业使命的研讨；迫切需要政府和法律界提出相应的科技成果转化行业化、专业化与职业化政策口径及法律定义。

虽然，其学术与官方定义全国还没有一个统一口径，但随着科技成果转化行业与学科建设启动发展，科技企业家定义的内涵与外延研究命题成果频出。科技成果转化实际工作围绕科技成果转化行业核心人才概念，产生与时俱进的、统一规范的科技企业家定义的要求越来越强烈。全国上下对从法律、学术与实务角度清晰明确、科学正确地规范科技企业家概念，在人才培养、行业提升及体现国家管理水平、建设创新型国家等的重大意义渐渐已有认识。近年来，各种科技成果转化行业从业者的职业与岗位称谓，以及科技成果转化主体角色科技企业家的名词概念，渐渐见之于各级学术理论刊物。江苏省委组织部与江苏省科技厅在2010年以文件形式，正式公开提出了科技企业家这个概念，使科技企业家第一次进入官方政策定义中。

第五章 科技企业家的产生与形成

当前全球经济正从农业经济发展到工业经济，再发展至知识经济。我国创新驱动发展战略国策的实施，使科技成果转化成为建设创新型国家的基本途径和内容。同时，粗放经济对资源的破坏或使其不可再生已形成人类生存危机，因而，将科技成果转化成现实生产力，从而提高经济增长效率，就成为现阶段经济发展必选的模式。我国科技成果转化对经济发展平均贡献率只有30%，远远落后于先进国家平均80%的贡献率的事实，以及国家创新驱动发展战略实施，令我国科技成果转化行业成为全面深化改革时期国民经济发展的核心热门行业。当前科技成果转化行业发展迅速，从政策和理论乃至实务工作都已进入"科技企业家创业发展的黄金年代"。科技企业家在理论上和政策上已成为了应运而生的时代精英。鉴于其时代机遇、历史使命、职业荣誉及经济与社会双重价值的全民共识，科技企业家本身发展机会与环境正渐趋优化。可以肯定地预见在不久的将来，"科技成果转化行业"必定成为当代最热门、最高端、最受人尊敬羡慕的行业。其从业人员，特别是核心人才科技企业家，一定会呈现复合、专业、高端、稀缺等特征。科技企业家不仅肩负时代开拓重任，还担负着国家兴旺重责。科技企业家事业价值的实现既有巨大的经济效益，又有重大的社会效益。秉承"创新之父"熊彼特经济社会学的观点，笔者认为：科技成果转化行业人才，特别是科技企业家是强国富民的带头人。科技企业家群体兴，创新型国家立；科技企业家群体弱，全面深化改革忧。他（她）们既是顶级职业或专业人才，也是时代精英或民族英雄，是团队积极向上、家庭美满幸福的缔造者与守护者。这是时代和社会赋予科技企业家的历史使命、本质职能和专业特色。

学术界从管理学和行为心理学角度，对科技企业家的素质、品质或创业胜任力等进行的理论研究颇多。王红军与陈劲认为："科技企业家创业胜任力包括机会要素、关系要素、概念要素、组织要素、战略要素、承诺要素、情绪要素、学习要素8个维度。其中机会、关系、概念、组织、战略、承诺6个要素直接影响创业绩效，情绪和学习要素通过影响其他要素而对绩效产生影响。"这基本代表了笔者对当前科技企业家素质能力的认知。笔者认为，对科技企业家的素质要求或创业胜任力的理论研究的最佳方式是实证研究或进行案例分析。区域科技成果转化率高低或区域科技成果转化对经济增长的效应指标，最客观、最科学、最直接、最综合、最核心的评估，来自本地科技企业家个体或群体数，可直接按人头——计数进行统计分析。即抛开数据统计分析水分或理论假设理想化趋势，用本地区实实在在拥有的科技企业家，进行相关评估分析判断，用其结论直截了当代表当地科技成果转化基本水平或起点。以科技企业家具体人头为单位进行科技成果转化数据统计与定量和定性分析，以人为本，落实到人，夯实科技成果转化统计数据的真实性和客观性。

一、"R&D 专家"

"R&D 专家"是科技企业家预备队员，是科技企业家最基础的人才库和主力军。他们的水平与规模决定了科技企业家群体的质与量，但两者又是不同性质、不同职能、不同专业的专门人才，中间断隔着一条深不可测的"达尔文之海"。

第二次全国 R&D 资源清查数据表明：2009 年全国共有 46 385 个单位从事 R&D 活动；已拥有 3 183 687 名 R&D 人员。当年他们研究 R&D 项目（课题）775 316 个；申请专利 363 329 项；有效发明专利 246 870 项；发表科技论文 1 361 095 篇。"R&D 专家"以每年数十万计的速度增长，提供可筛选的有实用价值的科技成果；同时，其本身的研究内容和方向的市场化调整与工艺、工程含量增加，也做好了转轨变型成为科技企业家的技术准备。以 2009 年为基数，若我们通过国家扶持、中介辅导、自身努力，实现 10% 的"R&D 专家"转型科技企业家率，那就将产生 318 368 名，实实在在的科技企业家！这是我国最现实、最直接、最具转型基础的科技成果转化行业人才来源。

"R&D 专家"转型科技企业家应着力解决：如何跨越因研究动机的断层、科技人才与企业家的断层及资源的鸿沟形成的技术供给与商业需求之间不易逾越的"达尔文之海"的问题。

二、成果转化行业人才培养

当前，中国科技成果转化行业人才培养，特别是科技企业家培养最可行的途径，就是改造和提升现有企业与领导人。这是科技成果转化行业人才培养的重点对象。

截至 2011 年，我国各行业的法人单位已达 9 593 729 家。同年，高技术产业企业数达到 21 682 家。按创新驱动发展战略国策部署，这些都是科技成果转化的主体。无论是传统企业还是高技术企业，都已从开发运营平台或经营管理团队上有了科技成果转化的组织准备或人才蓄备基础，占领了科技成果转化主战场的制高点。这些企业或领导人的改造提升内容，一要自身领悟创新驱动发展战略国策，清楚绿色 GDP 含义，知道经济发展的必然趋势与创新生产方式利润最大化的商机；二要明白企业与自我再次辉煌的时代机遇和挑战所在，有潜质潜能和发展意愿；三要进行科技成果转化行业化和从业人员职业化与专业化规范培训；四要通过国家创新体系建设，将科技成果转化五大子系统形成目标明确、职能清晰、相辅相成的有机耗散系统，共同着力造就科技成果转化最大效益。现有企业与领导人要有决心有规划有能力，在完成企业科技成果转化与经营管理计划过程中，实现其企业向高新企业转轨与企业家向科技企业家转变双重目标任务。

改造和提升企业领导人，使之升级成为科技企业家，应提防科技企业家的"四个陷阱"：过分相信技术专长、固定呆板的工作方式、X 理论这种传统的管理方式和官僚机构。破解能干的科学家或工程师往往失败于企业管理的"彼得原理"现象；提升现有企业领导人的创新意识，使其拥有实施国家创新驱动发展战略，实现企业再次飞跃的眼光能力，使自我与企业都能朝着科技企业家和"科技企业"转化。

三、科技成果转化行业的新血液

成为科技企业家的路不只有上述两条。科技企业家不仅仅产生于科技人才或企业家人群。事实上，科技企业家可以产生于科技成果转化行业全过程中每一种职业岗位的从业人员中，只要他们具备如下的条件与精神特质即可：

（一）入行标准

（1）注册公司、课题开题或项目立项是成为科技企业家的第一步。

（2）科技企业家潜在素质：感悟时代召唤，拥有成功信念。不甘平庸生活，努力奋斗。世事洞察有主见。有致富梦想。怀揣科技实业救国志向。有科技成果转化技术、企业管理、市场营销或资本运营等某一项优势专长且具团队精神。一个人拥有上述科技企业家潜在特质，就有了成为科技企业家的内在条件。当一个人无论因什么原因走到了科技成果转化这个行业中，就有了成为科技企业家的良好机会与外部机缘。在当今时代背景下，时代机遇、政策环境、职业机会、行业红利都有了，每一位科技成果转化行业从业者都有可能成为科技企业家。您个人潜在特质决定了您能否成为科技企业家。干不干，成不成，起步全靠个人。只要您能感悟时代召唤，明白自己的梦与中国梦的同一，抓住机遇，迎接挑战，自信激情且有自我规划地迈出成为科技企业家的第一步，就是成功的一半。

（二）情商与资源

科技成果转化是一个复杂有机的系统工程。不同组织不同利益，不同人不同想法。合作或竞争手段多种多样，有法律、有行政、有市场，还有不公平、强权、官僚以及黑暗。如何在坎坷不平的道路上，胸怀理想信念，既不能崴了自己的脚，还要团结伙伴，借力对手，以职业或专业的操作，始终如一地向着既定目标前进，排除万难，争取最后胜利？这需要具备人生智慧还有成功情商才行。

当代科技企业家应有"应运而生"的信念及相应的能力：

（1）审时度势。要求其集精明、智慧、圆通为一身，适应环境社会。应有不惧权贵又尊重组织，坚定信念而不死板的主流意识。

（2）既要符合时代发展趋势创新发展，又要与时俱进做当代社会精英。超前又不太过，将对现实的执着与对超现实的向往完美结合起来。做到引领潮流而不孤芳自赏，当社会精英而不唯诺守旧。

（3）拥有实现中国梦的理念思维与行为规范模式。无论当下有多少艰难挫折，他都有自己的信念与价值，并且坚持到开花结果。有凭自己处事为人的本事与洞察世事的智慧，做成利国利家利自己的好事的决心与毅力、能耐。

（三）态度与成就

假设科技企业家来自体制内的科技成果转化从业队伍。不用讳言，在目前的体制环境下，科技成果转化工作对科技企业家的筛选、培育和扶持尚未形成行业规范，特别是年轻后进"潜在科技企业家"的产生有很多人为障碍。有时还会出现一些很有前途希望的年轻后进科技企业家苗子，遭遇不公平不公正地从政策扶持至资源享用上的排斥打压。这时真正具备科技企业家精神素质的人，绝不会一叶遮目，将个别领导的低下素质当成组织行为对待。在逆境中应该保持如下科学正确地适应环境的心态和行为：

首先，明确坚定自己理想信念的正确性。相信党、相信国家、相信人民才是自己命运的主人。遇明君全力报国，遭昏君专心科研。以自己不计名不计利的努力，换来成功机会。十年磨一剑总有出鞘日。

其次，就普通科研工作者而言，坚持用科研成就说话。按表现形式来说，科研成就有三个渐进层次内容。①科研态度层次的工作总结。一篇作为一段时间个人工作或科研进度的书面文字总结汇报资料，表现了自我兢兢业业的工作态度，体现了自己对单位建设和本专业发展尽心尽力献言献策的主观能动性。②科技论文（科技专著）。这指在学术刊物上以书面形式发表的最初的科学研究成果。应具备以下三个条件：第一，公开发表的研究成果。第二，作者的结论和试验能被同行重复并验证。第三，发表后科技界能引用。③科研能力层次的科技成果转化。这可以通俗地理解为将蓝图变为实物，将设计图纸变为现实作品，将管理理论变成具体案例的过程，即实现从"R&D专家"向科技企业家成功转轨变型。

（四）美国科技企业家精神

科技成果转化行业从业人员成为科技企业家，必须拥有最核心的正能量成功信念品质。《美国企业家宣言》所树立的自立自强，以科技企业兴家强国的科技企业家精神值得我们借鉴。《美国企业家宣言》："我是不会选择做一个普通人的。如果我能够做到的话，我有权成为一位不寻常的人。我寻找机会，但我不寻求安稳，我不希望在国家的照顾下成为一名有保障的国民，那将被人瞧不起，从而使我感到痛苦不堪。我要做有意义的冒险。我要梦想，我要创造，我要失败，我也要成功。我拒绝用刺激来换取施舍；我宁愿向生活挑战，而不愿过有保证的生活；宁愿要达到目的时的激动，而不愿要乌托邦式毫无生气的平静。我不会拿我的自由与慈善作交易，也不会拿我的尊严去与发给乞丐的食物作交易。我决不会在任何一位大师面前发抖，也不会为任何恐吓所屈服。我的天性是挺胸直立，骄傲而无所畏惧。我勇敢地面对这个世界，自豪地说：在上帝的帮助下，我已经做到了。"

我们必须坚信，只要自己有真才实学、专业水平及求真务实的科学态度；坚持不懈的努力精神；始终保持职业素养与专业操守，敢于突破世俗的诱惑和现实的污浊，只做对国家、集体、个人都有利的事；立足本职工作，实实在在做事，科学智慧正直高尚地做学问、搞科研、办企业、钻管理、有成就；即便局部工作环境恶劣，只能自觉革命、主动工作，只要有哪怕是工作总结成就，也将没有任何人能掩盖抹灭你通过工作成就焕发出的思想光辉、文化造诣与经济、学术价值，以及做人的尊严和生命的意义！我们在本职工作中，也一定会上应国策、下符实务，终究不辜负国家与时代的希望，为科技成果转化行业的发展尽到自己的一份心力！最终以科技企业家的职业身份，荣耀地站在创新型国家主体建设者的行列，实实在在地同自我创造的科技企业家时代一起，为实现中国梦以及自己的梦而高歌猛进！

第六章　科技企业家成长环境

一、科技企业家的特点

无论是科研工作者还是企业经营者，能否成功转型，成为科技企业家的关键，在于是否具备科技企业家的特点。从科研工作者和企业经营者的性格来分析，他们普遍都有好强进取、不服输、自卑与自信相统一、清高而迂腐的一面。他们能否修身养性达到科技企业家的那种"化弊为利"的时代精英性格，能否具有科技企业家"三合一"理念的行为气质与思维头脑，是关乎成败的首要条件。

二、历史造就科技企业家

以习近平总书记为首的党中央和中央政府提出"两个一百年"战略目标和"四个全面"战略布局，这在实施创新驱动发展战略和全面深化改革时期，给了在体制内外从事科技成果转化行业的所有从业者一个因历史经验和人脉、技能积累带来的成为科技企业家的职业机会优势。他们都有多年工作经历，有科研或企业管理甚至政府相关行政管理方面的特长。他们与时俱进的职业发展，必然有可能成为科技企业家的机遇和挑战。究竟是机遇还是挑战？在于可不可以突破自己固化的成功思维定式，以科技企业家的头脑，评估自我优势专业或过去的职业经验特长，明确自己在团队中的分工和作为，以己之所长补己之所短，搭建起一个目标求同存异、业务强强互补、模式团队协作、操作分工明确、讲究效率和成功的精英团队和科研运营一体化平台，开启自己全新的科技企业家之路。

三、时代成就科技企业家

科技企业家时代的来临，大众创业、万众创新的兴起，成就了无数创新创业者的科技企业家梦想。他们之前往往深居实验室或经营小本零散生意，凭一己之长和一己之力通过多年努力，打下成为科技企业家的条件基础。现在他们恰逢创新型国家建设和社会发展时代。他们有过去传统科研工作者、小本生意人、政府行政管理人员的发展局限性，存在思维观念与操作管理等方方面面定式困惑。但他们同样有顺应时代发展、实现自我突破的二次创业的决心和机会把握能力。他们能否成为科技企业家的突破点在于创新思维与能力是否到位。是否真正可以全方位引领他们以与时俱进的崭新姿态与面貌，从观念到心态再到行为，有一个正确、合理的科技企业家认知和表现，是他们能否成功二次创业成为科技企业家的关键。

四、先锋型科技企业家

每一个时代都有一股青春活力不断涌现。他们以年轻为资本，带着冲劲开启职业生涯。他们是国家的希望，是创新创业的主力军，是科技企业家的主要来源。他们是城市、乡村和校园那些知晓科技企业家且向往其职业与生活的年轻人。他们就业于建设创新型国家的时代。他们既有科技企业家职业之路及人群示范，又有"大众创业、万众创新"科技创新创业众多机会，因此成为科技企业家的希望很大。他们在现实中极有可能打破原有的如职业锚、职业性向、能力倾向与个性测试等传统职业选择法，突破过去专业个性分类，即将研究与管理能力对立或机械地二选一的陈旧的人才定式。他们在自我职业生涯规划中，找准自己的职业特长，不断寻找科技创新创业的团队和平台，将科技企业家当成一种理想职业和梦想生活去追求。有梦想有努力，科学规划，坚定目标，总有实现科技企业家之梦的时候。他们是缔造与分享全盛科技企业家时代的那一批人，他们是科技企业家希望之星。他们会因国家发展与体制改革以及自我努力，在行业规模、组织效能、国民经济地位的提升和职业角色等方面，充分享受时代机遇、科技成果转化、行业发展的红利。

第七章　科技企业家发展阻碍因素

一、旧体制与利益格局的限制

　　自我思维定式的旧体制与利益格局突破的艰难性，是阻碍科技企业家发展的一大因素。旧体制与利益格局的限制，追根溯源还是来自于人的习惯上的思维定式。打破旧体制与利益格局的要诀，只能是突破人的自我思维定式。特别是在以习近平总书记为首的党中央和中央政府治国理政方针指引以及法律保证下，当前科技行业从业者转化为科技企业家，旧体制与利益格局的突破，更取决于打破自我而非他人的思维定式。解决成为成功科技企业家难题的方向，一是进行自身的思维革命。科学智慧、合法有效地做好超前价值把控，各种理念正反平衡；二是从行业和职业两方面进行主流社会精英地位塑造；三是自觉自愿对"三合一"中国梦的共识与"三合一"实现中国梦的理念思维以及行为规范的思想认识和现实运用进行效果检验。

　　熟知我国30多年改革开放从纯粹的计划经济发展到社会主义市场经济历史的人们都清楚，房地产与互联网曾是国民经济两大高发展、高支撑的行业，并且具有土地财政与新新高科技产业标志。从概念到实践，从政府到企业两者俨然成了经济发展无可替代的支柱产业。当今跃居国内财富排行榜的私营富豪们，无论是初创期还是发展期或多或少都是这两大行业的参与者和受惠者。建设创新型国家国策的提出，注定给科技成果转化行业带来比房地产行业和互联网行业更巨大的现实利益和更深远的发展意义。现实产业运作中，科技成果转化行业不仅涵盖后两者，而且后两者因科技成果转化行业焕发了新的生机活力，特别是互联网行业还会因科技成果转化行业出现新一轮产业发展。无论是从科技创新的内涵外延均无行业应用限定本身而言，还是就创新创业带给科技型中小型企业与科技企业家更大的成长性与经济价值来说，可以肯定地讲，科技成果转化行业给予了更多人比房地产行业和互联网行业更广阔、更诱人、更普遍的发展机会。当前，成为成功科技企业家最容易、最怕出现的两大问题是：当旧体制与利益格局限制了科技成果转化行业发展空间时，大家没有打破旧体制与原有不合理利益格局的动机、想法、勇气与决心；在科技成果转化出现利益，特别只是国家公共资源投入的利益时，大家争抢资源利益而无视了科技成果转化行业正确发展的努力。当前有党中央和中央政府的正确领导，这两大问题现象若出现，绝不会以组织行为表现出来。克服成为成功科技企业家的两大挑战或诱惑，关键还是看每个人成为科技企业家的自我思维革命，取决于个人主观能动性的发挥。科技企业家时代旧体制与不合理利益的破除，主要特点是先个体突破，后环境改造，从自我做起，从现在做起，从本职工作做起，直至全民形成共识；组织、环境与个人实现良性循环，构筑科学发展体系。这是当代国家、集体与个人发展的不二法则。

二、意识与行为的局限性

前面我们讲了个人习惯思维定式突破对打破旧体制与不合理利益格局的决定性作用。科技企业家自身的思维理念与想法行为对其能否成为科技企业家以及在成为科技企业家以后能否成为成功的科技企业家作用与意义更大。当前成就大批科技企业家的环境条件尚未成熟。现有科技企业家的特征主要有两个方面：一是具开拓先锋性质；二是呈现时势造英雄而非英雄造时势的时代特点。科技成果转化行业从业者成为科技企业家还是小概率事件。无论从思想领域的突破，还是从技术能力的融通，自我思想革命与自我超越的现实艰巨性，使很多普通科研工作者或企业家自觉顺利成为科技企业家的可能性成零。天才+积累+机遇+悟性+努力+缘分构成科技企业家不可或缺的形成要素。科技企业家应具有自我人格上的修行、价值上的提升、知识上的贯通、技能上的跨界、能力上的全面、性格上的兼容等素质条件的高端化要求。当前现实是既无从小培养的教育体系，也无社会实践的职业路径，无法满足对科技企业家开拓创新意识、职业素质能力、专业技能操作等组织环境条件。这让很多有机会也很努力想成为科技企业家的人只要受制于自我理念观点和行为能力之限，就会出现虽有自我改造之心，而无现实提升之力，内心努力而无思维转轨，外在改观而无实质蜕变，以至十分尽心尽力，却终难成其理想。

三、继承创新和科学认知的不易性

我国当代科技企业家突出地面临两大主客观环境特征的适应和改善。一是中国特色的社会主义市场经济运营机制，二是计划经济时期遗留的旧知识分子或小企业经营者的思想烙印。适应大环境的调整，而又不改变社会主义性质的改革时代，要有从理论到实践把握好政治与经济统一的政治觉悟和政策水平。对中国特色→社会主义→市场经济→运营机制等概念逐一剖析与具体操作思考，合法合理地适应中国特色的社会主义市场经济运营机制，科学有效地开展企业科技成果转化与经营管理，是科技企业家发展的立足之本。科技企业家烙下的旧知识分子或小企业经营者的保守思想观点，让科技企业家科学认知和平衡处理各种问题非常困难。例如，如何坚持国家、集体、个人三兼顾原则，有效践行"三合一"来实现中国梦的思维理念和行为规范？如何实现过去旧知识分子与小企业经营者脱胎换骨式的思想、行为及哲学思维的全面扬弃？应将清高与世俗靠拢，使灵气落地生根；将精神与物质匹配，使人性高大有力；将理想与现实结合，使人生精彩充实；将知识与金钱等同，使价值量化公平；将工作与事业统一，使职业先进卓越；将个人与团队并列，使成功超前引领。用继承创新理念与科学认知观点维护保持科技企业家风格，做到既要在政治上保持与党、政府的高度一致性，体现自身高超深厚的政策水平与社会主流意识，又要在经济上遵循市场化商品规律，表现自我精准纯熟的经营能力与时代精英地位。

必须说明的是，单一科技企业家的诞生，必然伴随着一批科技企业家的诞生。如上所述，科技企业家包涵了过去科学家与企业家的某些内容，但实质性内容却体现于团队成员而不是个人身份或职业称谓，更不会是单纯打工、赚钱、吃饭的职业概念。科技企业家是一个团队成员，也是一种生活与事业同创共享者。一个具有核心地位的科技企业家成功了，他的团队也成功了，必定造就一批相应的科技企业家，形成科技企业家人群。而这个科技企业家人群因自身的价值观与事业和工作的统一，同创共享了一种事业基础与生活内容，奠定了这个人群的分层特色与生活方式。科技企业家到事业的稳定期，会同时形成生活的大家庭格局。本书企图着力描述科技企业家的团队特色与人群分层特征，以期读者清楚科技企业家成长路径的同时，能想象科技企业家独具的生活方式与事业模型及其人群的分层特色，以此向往憧憬，成为读者日后努力奋斗的梦想的种子。

总而言之，科技企业家作为研发经营科技型中小企业管理团队成员，致力于通过科技与经济融合为人类的福祉而服务，将彼此共同的事业与生活统一，同创共享主流、积极向上的生活方式。他们引领时代价值潮流，实现家庭幸福美满，是最成功的科技创造财富、财富助长科技的中国梦缔造者。他们是一群踏在泥泞混沌的路上，迈着坚定有力的步伐，奔向清晰光明前程的开拓者，是智慧城市主体建设消费者，代表着时代正能量。

第八章　科技企业家成功的标志

一、怎么样的科技企业家才是成功的

（一）他们是企业老板及企业高层科研经营管理团队成员

成功的科技企业家是一家科技型中小微企业的拥有者与经营者之一。成功的科技企业家有自己的一技之长，参与科研、运营、管理等团队工作，跟其他团队成员同创共享事业的辉煌与生活的温暖。

（二）自我德、识、才、学修行到位

成功的科技企业家既有涤荡尘埃净化心灵的思想修行，又有用积极心态克服挫折砥砺前行的心理建设。成功的科技企业家有看清世事、保证成功、家庭幸福、事业达成的良好表现。成功的科技企业家具有科技企业家精神物质互补同进的气质和状态。

（三）有境界、有幸福、有价值

成功的科技企业家有将一切过往故事皆化成蓝天白云、高山流水、碧海白沙的豁达宽容之心。他们已形成科技企业家圈子，并在事业与生活上彼此荣辱与共。他们有物质与精神实力，使社会学上的公司与家庭逐渐趋同，并渐渐形成社会发展的一种趋势。

总而言之，所谓成功的科技企业家，必定是一名集时代精英使命与民族责任于一身，有财富、有知识、有文化、有道德情操、有家国情怀、有社会主义核心价值观，做到了事业与生活双丰收，可以尽享国家荣誉、集体成就、家庭幸福与个人安康之人。

二、科技企业家心理素质与能力条件

（一）适应与改造环境的心理素质和知识能力

科技企业家需要正视挫折，充分发挥正能量，在逆境和顺境中都具社会精英

与商业领袖的气质和能力。

（二）具有成为科技企业家的职业机会和能力

科技企业家应具有通过工作业绩→形成项目→拥有产权→成果转化→创办企业的能力和机会。

（三）具备综合、全面、系统、科学的思维能力

科技企业家既要擅长聚合性思维，又要有发散性思维。科技企业家是以专一为本，兼通综合管理与百科知识的高层通用管理型人才。

（四）有良好的心态与人格魅力

科技企业家具备始终如一的良好的事业和生活心态以及人格魅力。

（五）有"三合一"理念思维与行为规范掌握运用能力

科技企业家要既有团队协作与达成目标的强烈意识与能力，又有天时地利人和集聚合作伙伴的现实机缘把握能力；拥有一个目标一致、专业互补、强强合作、一路同行的核心团队，同创共享事业与生活。

在此需要特别强调的是，科技企业家作为一个团队成员的概念，从理论到现实成功的表现都是：个人的成功就是团队的成功。一个科技企业家的成功必定是一群科技企业家的成功。此团队与传统团队最大区别在于五个方面：一是成员之间专业兼通、强强互补；二是有科研、业务目标同一性及现代企业运营体制和集体领导模式；三是基于彼此价值观、人生观和家庭观的相似，有幸福美满的大家庭愿景，有科技实业兴国旺家的共同愿望，有"兄弟+战友"的情义；四是成功之后彼此更加紧密团结；五是将事业与家庭奋斗目标协调统一的最佳合作伙伴，是没有血缘与姻缘的成员，是彼此事业成功与家庭幸福的共同缔造者。每一位科技企业家只有理解认知这一职业概念团队成员的创新性，做到如下几点，才能成为成功的科技企业家：一是明白以专定位，以团队通百科的协同理念；二是具备开放、务实、创新的科学包容性格；三是有边缘学科研究与运用的多角度思维与综合平衡能力；四是化小我为大我，凸现职业精神；五是认知践行科技企业家的团队成功才能实现个人的成功，只想个人成功就绝不会成功的成功法则；六是明白"前途是光明的，道路是曲折的"的道理，有踏着泥泞不平的小路，乐观、坚定、平和地迈向积极正确目标的能力，这是每一位成功的科技企业家最起码的心理素质。

三、科技企业家的代表人物

从国际领域看，1982 年《西雅图时报》这样描述两位科技企业家的代表人物：

他们将一个关键的创意变成了一个在爆炸性增长的个人计算机领域内数百万美元的生意。这两个人便是在 1975 年创办了微软公司而多次成为世界首富的比尔·盖茨和拥有数百亿美元资产的保罗·艾伦。

从全国范围看，科技企业家的代表人物如开发运用腾讯 QQ，引领当代信息产业与人们生活密切结合，身家财产超 400 亿元人民币的马化腾及其创业团队。

从四川省区域看，科技企业家的代表人物如将本单位本专业一项科研成果转化运用，创办成都地奥集团，个人财产达 13 亿元人民币的李伯刚及其创业团队。

第九章　项目组的建立

当前正值"十三五"规划开局之年，科技成果转化行业从政策、理论乃至实务工作都已进入科技企业家创业发展的"黄金年代"。良好的开端就是成功的一半。科技成果转化行业从业者迈向科技企业家的手续简便，流程越来越简化，良好的开端对科技企业家的成功和企业的可持续发展显得越来越至关重要。项目组的建立需要进行组织平台和科技企业家个人身份定位，通过法律、行政、组织手续认定，建立团队合法的组织平台以及个人现实科技企业家身份与相应权责利的明确规范。或者说在科技企业家生涯中，凭借科技企业家之缘，用自己的科技企业家之心，将科技企业家的种子成功播种在"科技企业家之壤"里。现实中的"科技企业家之壤"就是由科技企业家身为负责人或主研人员的科技成果转化科研开发课题项目组（以下简称项目组）和科技企业家作为高层管理团队成员之一的公司组成。两者既是成为科技企业家开展其相应科技经济行为的法律、行政与经济资格身份，也是科技企业家从事科研开发和经营管理等科技成果转化活动的组织平台与法律规范。我们相信，在科技成果转化行业大发展的今天，只要自我有强烈的创新创业意识，拥有良好的开端，科技企业家的种子就会在"科技企业家之壤"里开花结果，实现自己的、家庭的、组织的、全中国的梦。

一、项目组的定义及建立的意义

组建项目组是成为科技企业家的第一步。所谓项目组，一是指有一定组织形式，通过项目申报任务书或科技攻关计划书确立，利用各种科研开发资源条件，进行科技成果转化命题研究，最终取得法人专利的研究与开发（R&D，下同）活动的项目团队；二是指由数位自然人组成，独立自主面向市场进行科研开发，最终取得个人专利的课题研究组。

组建项目组是成为科技企业家的第一步实质科技经济行为。一是确定了自我的技术专业方向和发展技术路线图，形成了自我科技研究开发应用的规划；二是研发团队及科技研发队伍建立，有了创新创业发展的核心合作技术伙伴；三是创办公司成为科技企业家团队成员的技术人才基础条件；四是奠定成为科技企业家后的产品商业营销与技术运用的市场方向和产业化的战略目标。

二、项目组类别

（一）按项目组的课题性质分类

（1）国家纵向项目组，即以各级各地国家发改委、经信委、科技部、农业部等政府归口管理部门相关科技计划项目的申请立项为开端，项目任务书和项目预算书批复下达为标志，享用国家财政资金开题研究的项目团队。

（2）单位横向项目组（单位仅指具有法人资格的科研院所、学校或企事业单位，特别是以企业法人为主体单位），即单位横向项目组就是以单位之间产学研合作的形式，进行科研资源整合，协同开展某一项目科研开发的项目团队。

（3）单位独立项目组，即单一法人独立立项、独立投资、独立科研的项目团队。

（4）自然人项目组，即单位科研人员或非单位科研人员个人开展的为某一项目科研而独立自主组建的项目组。

（二）按项目组的投入资金性质分类

（1）国家项目组，即项目组用国家财政资金开展相应科研开发的项目团队。

（2）单位项目组，即用单位资金投入进行科研开发的项目团队。

（3）合作项目组，即用产学研合作或委托资金进行科研开发的项目团队。

（4）个人项目组，即用民间资金或个人资金投入及个人科研力量开展科研开发的项目团队。

（三）按项目组的专利性质分类

（1）职务项目组，即科研人员在自己本职工作时间内，利用国家和集体资源进行科研开发，其科技成果产权归属于国家或集体的项目团队。

（2）非职务项目组，即不占用国家和集体资源，用自己的资金和时间开展科研开发，其科技成果产权归属于个人的项目团队。

三、项目负责人的资格条件

国家科技计划项目负责人资格条件改革，注重科研成果资历而非学历职称。

2013年9月10日，四川省科技厅计划处关于《申报2014年科技计划备选项目对项目负责人要求的补充通知》中，提出为促进企业科技创新，推动市（县）科技发展，就项目负责人职称、学历等要求进行如下补充规定：

（1）申报应用基础、青年基金（包括青年创新团队）计划项目，项目负责人必须具有副高及以上职称或博士学位。

（2）申报成果转化、软科学、国际合作等计划项目，项目负责人必须具有中级及以上职称或本科以上学历（本科毕业工作 5 年以上，硕士研究生毕业工作 2 年以上）。

（3）获得省部级科技进步奖的科技人员（需上传本人获奖证书）可作为项目负责人。

（4）专利持有人（需上传本人专利证书）可作为项目负责人。

此项规定与过去相比最大的改革亮点在于将单纯注重高职称和高学历的项目负责人资格，只有高级职称或高级学历才有申报项目资格，修改为非高级职称或学位乃至无职称或学位，但具真才实学成果的科研人员都拥有同样申报国家科技计划管理项目的资格。让国家科技政策扶持与资金资助实现了真正向基层或企业主体中的新兴科研力量倾斜。从形式要件上大大提升了有真才实学与科技企业家精神而无职称文凭的民间高手，通过国家认可扶持成为科技企业家的可能性。

四、项目组的组建方式

（一）国家纵向项目组的组建

为了细化创新驱动发展战略，实施建设创新型国家政策，更好、更有效地促进科技成果转化成现实生产力，国家有关部委制定了一系列科技成果转化项目产业化政策，设立了专项计划与配套资金，加大了对科技成果转化的政策扶持与经济支撑力度。应了解掌握这些政策支持与资金资助项目的申报渠道和方式、支持方向和内容、申报程序和方法以及立项申报的技巧等，提高项目可行性报告与项目建议书、项目申报书、项目预算书以及项目计划任务书的撰写填报效果。通过科技成果转化国家计划管理项目申报批复立项，得以组建国家纵向项目组。

此种组建方式争取的国家发展与科技计划管理项目有：

（1）发改委的"重大产业技术开发与重大技术装备项目""物联网技术研发及产业化专项项目""国家政务信息化工程建设规划专项项目""国家电子商务示范城市电子商务试点专项项目"等。

（2）经信委的"中小企业专项资金""重大科技成果转化专项""电子信息产业发展基金专项""节能技改专项"等。

（3）科技部的"中小型科技企业创新基金""科技支撑计划项目""科技成果转化项目""863 计划项目""976 计划项目""火炬计划项目""星火计划项目""科技基础条件平台项目""农业科技成果转化项目"等。

（二）单位横向项目组的组建

科技成果转化的各个主体单位面对本单位各个具体科技成果转化任务，进行科研开发资源优劣势评估，以课题的专业人才与资金实力互补形成科研开发合力与最佳协同效应为目的，经过各方沟通协调，就共同完成的科技成果转化任务进行分解承担，明确各自的权责利，签订合作合同或共同完成协议，组建单位横向项目组。单位横向项目组的基本组织形式就是产学研联合体。

此种组建方式如若有国家发展或科技计划项目合作内容，还需以承担或协作单位名义，通过国家发展或科技计划项目任务书和预算书，明确各自需完成的项目任务目标及资金分配、具体使用情况。

（三）单位独立项目组的组建

法人单位在自主经营、自负盈亏的原则下，可以将科技创新视为发展核动力，不断提高自身科研开发经费投入占销售收入的比例，并积极、主动、有效地争取国家产业政策与科技成果转化计划项目资金的支持。法人单位应以市场为导向，以实现企业产品更新换代为目标，充分利用本单位科技人才资源，独立自主地根据国家科技政策与自身发展技术路线图，组建科技成果转化项目组，形成本单位做大做强的科研开发战略格局和核心竞争力。

此种组建方式不仅管理者要重视加大科技投入的力度，形成本单位技术链支撑产业链的核心竞争力，还必须做好培养人才与留住人才的工作，使本单位的科研开发人才优势长盛不衰，企业发展后劲持续有力。

（四）个人项目组的组建

无论是充分体现个人科研能力的民间无组织科研开发行为，还是单位科研工作者业余时间的非职务发明创造或实用新型（甚至在全面深化改革时期，单位的科研工作者职务发明创造或实用新型，因单位原因没有实现科技成果转化而让本人进行的），都可以利用当前鼓励、支持、促进科技成果转化的政策优势，合理合法地实现科技与经济的融合，组建各种性质的科技成果转化项目组，达成自然人项目的市场化组合。

此种组建方式最关键的因素在于项目组的发起人或负责人除了自身必须具备项目所需的某一方面专业特长，拥有此项目创新科研开发的策划组织能力与此专业领军人物潜质，还得看其对科技、资本、人才、管理等资源组合的互补性与人才之间的合作性把握如何。此外，还要看其产权分割与利益分配的协调性与合法、合理、合情程度如何；有无利用此科技成果商用化与产业化的前景；有无当科技企业家的预期谋划与决心能力。

第十章　创建公司

一、组织形式

创办公司是成为科技企业家第二步。公司是科技企业家创业的最基本的组织形式。它是科技企业家获取科研与经营管理权责利、法律和行政效力以及组织平台功能的首要前提。

本书所指"公司"，特指"科技型中小微企业"，即科研开发团队与经营管理团队合二为一，以技术创新为企业发展的主要手段，有技术链支撑产业链、产业链引领技术链的科研运营模式，符合国家科技型中小企业或高新技术企业认定一般性条件，涵盖全部产学研行业，本身处于科技成果转化行业的初创阶段的中小微型企业或公司。

二、政策支持

根据《中华人民共和国促进科技成果转化法》第十六条的规定，科技成果转化方式如下：

（一）自行投资实施转化

项目组以科技成果商用或产业化为基础，通过设立或重组公司，组建经营管理团队，独立实现和享有科技成果转化经济效益的盈亏。

（二）向他人转让科技成果

项目组以科技成果市场化运用为目的，通过技术交易方式，同时实现科技成果的价值与使用价值。

（三）许可他人使用科技成果

项目组以高速实现科技成果市场化应用为目标，通过许可证交易方式，收取科技成果的专利使用费，实现其经济收入。

（四）共同实施科技成果转化

项目组以强强互补合作进行科技成果转化为条件，用自己的科技优势吸引资本、经营管理等科技成果转化要素，以各方约定的经营管理联合体方式，共同实现科技成果转化。

（五）股份化科技成果转化

项目组以出让该科技成果而不参与公司经营管理为实际目的，用科技成果作价投资，折算股份或者出资比例，单一按股份享受科技成果转化盈亏。

项目组转化为公司后，一般采用上述方式（一）或方式（五）作为科技成果转化方式。

股份制企业可以将有关人员职务科技成果的研究开发、实施转化给予其报酬或者奖励，按照国家有关规定将其折算为股份或者出资比例。该持股人依据其所持股份或者出资比例分享收益。非职务科技成果研究开发实施转让或自行投资创办公司，其科技成果的股份比例按设立公司时约定的公司章程办理。

三、创办公司的条件和步骤

创办公司就是项目组完成科技成果转化与经营管理团队变形转制，以工商注册及其他公司管理运营手续办理为具体内容与工作流程，具备管理运营法人资格的过程及结果。这是成为科技企业家，获取其科技创业资格、平台、团队的组织手续与经营管理条件的必经之路。其公司创办基本步骤如下：

第一，选择公司的形式和合法的办公地址。

第二，编写"公司章程"。

第三，办理资产评估。若有知识产权或实物等出资，则到会计师事务所鉴定其价值后，再以其评估价值或实际价值作为注册资本。

第四，到工商局预核名及注册公司。

首先，到工商局办理企业名称预先核准。然后，凭以下文件办理公司注册：

（1）"企业名称预先核准通知书"；

（2）"公司登记（备案）申请书"；

（3）"指定代表或者共同委托代理人授权委托书"及指定代表或委托代理人的身份证件复印件；

（4）全体股东签署的公司章程；

（5）股东的主体资格证明或者自然人身份证件复印件；

（6）董事、监事和经理的任职文件（股东会决议由股东签署，董事会决议由公司董事签字）及其身份证件复印件；

（7）法定代表人任职文件（股东会决议由股东签署，董事会决议由公司董事签字）及其身份证件复印件；

（8）住所使用证明；

（9）法律和行政法规及国务院决定规定设立有限责任公司必须报经批准的，提交有关的批准文件或者许可证件复印件；

（10）公司申请登记的经营范围中有法律和行政法规及国务院决定规定必须在登记前报经批准的项目，提交有关批准文件或者许可证件的复印件等文件手续，再到工商局办理公司注册。

第五，凭营业执照，到公安局指定的刻章社刻公章、财务章。

第六，凭营业执照到技术监督局办理组织机构代码证。

第七，凭技术监督局预先受理代码证明文件及营业执照正本原件、公司财务章、法人章等去银行开立基本账号。

第八，领取营业执照后，30日内分别到当地国税和地税局申请领取税务登记证及申请领购发票。

第九，涉及特种经营项目的，还需办理各种特种经营许可证。

可以肯定地说，上述工商、技术、税务等手续程序，随着全面深化改革步步深入，必将越来越简化。

四、公司注册

借势造力、开门营业是成为科技企业家的第三步。科技成果转化行业从业者走完成为科技企业家的"最后一段路"，从法律、经济、社会等方面均具备从事企业科技成果转化与经营管理组织平台（即公司）的条件，这是最关键的。

组建项目组与创办公司从组织形式上看，是成为科技企业家缺一不可的正式组织手续；从经营管理上讲，是作为科技企业家必不可少、相辅相成的科研运营平台；从组建注册程序上说，虽然两者面临不同的法律、行政和专业管理审批环境，有不同的手续和内容，但在实施创新驱动发展战略的全面深化改革时期，通过科技体制与工商管理体制改革，组建项目组和创办公司的条件手续已非常简便，有些条件甚至降为了"零门槛"。这为有志成为科技企业家的人们完全消除了组织手续与研发营运平台建立的障碍。任何人只要有成为科技企业家的梦想，就有实现这个梦想的机会。当前国家从科技计划管理与工商行政管理两方面作出重大政策改革举措，实现了李克强总理说的"改革为新兴生产力护航"的目的，为有智力、有创造性的新兴生产力崛起，扫除了传统法规制度约束。

在创新创业开办公司时，准科技企业家们要做到与时俱进，善于利用改革春风和实施创新驱动发展战略国策的各项举措。借势造力，为我所用，趁机突破旧的限制，抓住国家与时代给予的成为科技企业家的大好良机，尽快真正成为科技企业家，开始真正从事企业科技成果转化与经营管理，开启自己科技企业家的职业生涯。

当前，在实施创新驱动发展战略全面深化改革时期，随着"十三五"规划开局之年的来临，国家管理经济的手段从行政手段向市场手段倾斜已成常态。公司注册制度改革，降低创新创业门槛的各种政策层出不穷。

国务院总理李克强 2013 年 10 月 25 日主持召开国务院常务会议，部署推进公司注册资本登记制度改革。2013 年 12 月 28 日，第十二届全国人民代表大会常务委员会第六次会议审议通过了关于修改《中华人民共和国公司法》的决定，为推进公司注册资本登记制度改革提供了法制保障。2014 年 3 月 1 日施行的国家工商行政管理总局第 63 号令和第 64 号令对《中华人民共和国公司法》修改条例进行了全面具体落实。

这是政府转变职能、降低创业成本、创新监管方式、激发社会投资活力总体部署和改革方案中又一项重要举措。其具体改革内容有以下五大类：

第一，取消了除法律、法规另有规定外，公司注册登记资本限制。不再限制公司设立时股东（发起人）的首次出资比例和缴足出资的期限。公司实收资本不再作为工商登记事项。

第二，按照方便注册和规范有序的原则，放宽市场主体住所（经营场所）登记条件，由地方政府具体规定。

第三，推进注册资本由实缴登记制改为认缴登记制，降低开办公司成本。在抓紧完善相关法律法规的基础上，实行由公司股东（发起人）自主约定认缴出资额、出资方式、出资期限等，并对缴纳出资情况真实性、合法性负责的制度。

第四，将企业年检制度改为年度报告制度。任何单位和个人均可查询，使企业相关信息透明化。建立公平规范的抽查制度，克服检查的随意性，提高政府管理的公平性和效能。

第五，大力推进企业诚信制度建设。注重运用信息公示和共享等手段，将企业登记备案、年度报告、资质资格等通过市场主体信用信息系统予以公示。推行电子营业执照和全程电子化登记管理，电子营业执照与纸质营业执照具有同等法律效力。完善信用约束机制，将有违规行为的市场主体列入经营异常的"黑名录"，向社会公布，使其一处违规则处处受限，提高企业"失信成本"。

近期各地区"一元注册公司"或"大学宿舍公司"涌现，既代表了国家扶持新兴生产力的政策落实，更显现了科技企业家产生的土壤条件宽松。在公司创办形式手续方面，为创新创业者成为科技企业家营造了越来越简化方便、宽松优惠的政策制度环境。

第十一章　运营团队建设

　　科技成果转化行业从业者公司初创成功，拥有运营团队与业务是成为科技企业家最为实质、最为核心的一步。

　　当前，"科技企业家之壤"对科技企业家种子培育条件越来越优越，具备成为科技企业家的形式要件要求非常宽松，做一名形式上的科技企业家已非难事。科技成果转化行业从业者有了科技企业家身份与组织平台，并不能真正表明其可以按计划顺利进行企业科技成果转化与经营管理工作。现实工作的确立远远难于科技企业家身份的确立。科技企业家需要实实在在体现出本身具有的科技企业家技能与善于战略布局和经营的能力；表现出一名真正成功的科技企业家对人生与事业自我选择的信心和决心；有面对挫折或诱惑时从容抉择的科学智慧与职业素质；有匹配的团队及公司人、财、物的聚集运用，呈现出一个内外合一、正规实在的创新创业实体，并有效运营起来；有向着公司初创的战略目标，成功创业，顺利进入公司成长期的现实表现。只有这样才能真真正正成为一名科技企业家，实实在在拥有一片属于自己的"科技企业家之壤"，名正言顺地做科技企业家之事，与团队、公司乃至国家同创共享建设创新型国家的一切进程和结果。

　　"十三五"规划的开局之年，标志着中国进入了"准科技企业家时代"。国家从各个方面对科技创业加以扶持和鼓励的力度一定会越来越强。科技型中小微企业本身的高成长、高利润、高速发展模式必定越来越突出。科技企业家成为"准科技企业家时代"主流社会精英与高层次商业领袖指日可待。科技成果转化行业成为这个时代最热门、最核心、最高级的职业领域，吸引各种人才以及国家资金与民间资本纷纷涌入的局面即将来临。

　　在这个时势造英雄，潮流出精英的"准科技企业家时代"，又有多少当初满怀信心与希望，形式上投身于科技成果转化行业，一心想干出一番所谓的大事业的名义科技企业家们，最终沉舟折戟，眼望近处无限风光，目送他人扬帆远航，只落得声声叹息而已。成功的科技企业家实实在在地投身于科技成果转化行业，可以顺利有效、有规划与有执行力地开展科技企业家工作，实现最初成为科技企业家时自己的学术科研、经营管理与家庭社会目标；渡过公司初创期，形成正常经营管理状态，进入公司成长期。成功的科技企业家有别于名义上的科技企业家，就是能够通过团队企业科技成果转化与经营管理协同工作，最终到达事业与生活理想的彼岸。成功的科技企业家和名义上的科技企业家最关键的区别就在于是否清楚明了并做好如下成为科技企业家的前期实质性工作：

一、建立科研经营团队

项目组与公司在完善的法律形式下，是否拥有一支规划可行、业务明确、分工科学、价值统一、资源互补、专业合理、真抓实干、协同作战、有实际科技成果转化科研运营项目经验的科研经营团队，是科技企业家实体与空壳科研经营团队的根本区别。

科技企业家通过自我技术创新路线图的确定，并借助专业科技经济人力资源专家和机构力量，寻找企业管理高层合作伙伴，组成具有强大战斗力和核心竞争力的企业科技成果转化与经营管理科研运营团队，搭建可形成系列升级换代技术或产品的项目组和公司，是成为成功科技企业家的基础前提。

当前，任何人想成为传统意义上的"科学家"或"企业家"，或者成为形式上的空壳科技企业家，可通过自我努力争取，凭一己之力达成。但是，任何实体科技企业家的产生，除了自我努力争取外，天时、地利、人和缺一不可。专业强强互补形成科技企业家科研运营团队，进而组建成从事科技成果转化和经营管理的项目组和公司，才是成为真正的科技企业家最关键的路径。他们真正能做出业绩成为成功科技企业家的可能性，远远胜于那些因利益而巧立名目或单位组织指派成立的无职业规划或官方行政项目组和公司。

二、科技企业家公司专业化建设

（一）科技企业家公司专业化方式

每一位科技企业家都应以自我技术和管理水平进行定位，形成职业生涯规划，明白自己在科技企业家团队中的作用和意义。科学合理地用职业规划发展所需的专业结构合理性目标，寻找目标一致、优势互补、专业共进的团队成员。让彼此融入团队，形成公司运行管理综合实力和市场竞争合力。

（二）科技企业家公司专业化建设渠道

基于科技企业家团队成员性质和专业化发展要求，做好以下工作，可以更好、更具可能性地组建项目组和创办公司：一是进行职业规划设计；二是开展个体和群体心理咨询及建设培训；三是进行团队人力资源猎头工作；四是委托团队搭建等专业帮助。

（三）科技企业家公司专业化应注重的问题

科技企业家在职业化与专业化建设中使"科技企业家之壤"名副其实地真正结出科技企业家的硕果。科技企业家应该树立科技企业家精神与现代企业管理意识；杜绝"项目拿钱式申报"和"公司模式化办理"。项目组的组建和公司的创办能真正起到"科技企业家之壤"应有的功能和作用。

1. 以"彼此协作组建项目组想做出和能做出什么东西"为搭建经营管理团队、寻找合作者的第一要旨

首先，对项目组合作动机和合作基础进行统一。利用项目策划书或申报书统一课题及分解科研任务，并评估每个拟合作者的专业水平和发展潜力，按项目研究需要和专业分工岗位设计组建科研团队。要求每一位项目组成员都能做到各负其责，各尽其能，充分有效地发挥各自专业能力，形成最具领先、最有创新、最佳科研开发水平、最具总体科研开发完成合力的项目组。项目组及每位成员都能形成"专注一领域、创新一系列、科研一辈子、成果一串子"的专业发展格局。项目组通过科研团队成员长期共同分工协同与不懈努力，用丰富的高水平科研开发成果，达到技术产业级、人员专家级的团队水准组建目标。

2. 创办之初就必须注重发挥团队成员求真务实的精神，使团队成员保持高起点、高水平的职业素质，充分发挥专业技能

科技企业家公司创办时就应当抛弃利用工商局发布的通用模板套写公司章程的行为。每位团队成员都有对公司创办及可行性方案拟定充分发表个人内心最真实，且具法律规范和现代企业管理理念的建设性想法建议的权利和义务。科技企业家公司应建立"事前意见尽情发表，事后坚决贯彻执行"的议事原则。同时，注意将上述原则措施作为公司成立后的企业文化、经营理念、管理方式与发展战略的总体蓝图规划内容与理念法则，使公司初创就站在现代企业管理运营的高起点，有现代化企业管理体制建设的良好基础。良好的开端就是成功的一半。公司不仅可以抓住科技成果转化行业发展的时代机遇，良性发展，从而做大做强，还会因现代化企业管理体制的良性运行，产生一批成功优秀的科技企业家人才。

公司章程拟定流程依次是全体公司创办成员不局限于公司章程格式内容要求，以公司可持续经营为主题，展开各种形式的充分讨论；通过民主集中制意见采纳方式，形成公司章程征求意见稿；以一人执笔，全体成员意见发表的形式，撰写科学合理且体现公司经营管理体制与各成员权责利的公司章程初稿；最后全体公司成员大会表决通过，形成正式可以执行且具法律效力的公司章程。

3. 善用国家促进科技创新创业政策

无论是组建项目组还是创办公司都应以真正研究或运营某一具体课题或经济项目为科研运营团队所有科技经济行为的真实目的和行为宗旨。践行科技企业家理念，奉行"科研开发出成果方有东西可卖钱，经营管理出效益才有行为能变钱"

的科技企业家理念。将公司初创时的组合重点放在人才队伍搭建上，突出技术股与管理股的管理和激励作用。组建一支强强互补协同、绩效管理科学、组织实干有效、填空白能创新、出成果能致富的职业化与专业化水平高的科研运营团队。科研运营团队不仅要善用国家促进科技创新创业政策，争取国家各项优惠政策支持，提高公共资源利用效率，同时必须从思想到行动上，坚决杜绝各种科研不端及经营管理违法乱纪行为，特别要避免利用国家当前大力促进科技成果转化的政策倾斜与资金资助，成立谋钱图名不干事，浪费公共资源的项目组和公司。

第十二章　人头管理理论

一、人头管理理论的定义

从组织管理学角度进行定义，人头管理理论是指我们在科技成果转化工作中，无论是任务布置和工作汇报，还是业绩评定和管理分析、指标下达和统计完成，均针对过去以组织为项目或任务数据收集统计单位与责任主体而习惯形成具体行为人虚化造成数据"假、大、空"，无现实具体负责人和直接逻辑判断的现象加以改进，采用以人头说话，以具体行为人为单位进行量化管理，并可就其本人的职业与专业评估以及现实考量判断，确定任务、业绩和指标下达的科学性、可行性以及工作、管理和统计完成的真实性、合理性，形成真抓实干、事事都落实到人的一种管理方法。

人头管理理论在"准科技企业家时代"表现为人们应当科学正确且有效地理解、认同、掌握、运用的创新工作生活理念思维与行为方法准则。其理论依据来自国家政策定义与战略规划的科技企业家时代的内涵与外延引申应用。其实践基础在于人人都认知坚信国家任务、职业理想与个人愿景"三合一"互动同一实现的中国梦，既是这个时代，也是这个国家发展的独特优势，并将此作为实际工作中运用践行的基本理念思维与行为方法准则。

人头管理理论既是一种思想观念，也是一种管理思维，还是一种为人处事法则与人生哲理。人头管理理论是一种针对当前中国继承创新、转轨变型实际环境，探究人们在工作生活中应如何遵循社会发展的以人为本的包容性规律、经济发展的科学规律以及自然发展的可持续规律，做一个中国好人以及合格的科技成果转化行业从业者，进而得以做一个集社会精英与民族英雄于一身的成功的科技企业家的哲学思考和管理探索。人头管理理论的实际功用体现为科技企业家时代应推崇的政治、经济、文化与社会行为规范及文明理念的"空篮式"理论框架和实务工具。人头管理理论主要有以下四个基本理论观点：

第一，人头管理理论的核心观点和方法是以凡事落实在具体人头为法则，树立并践行以个人幸福追寻开始，对周围人群幸福的追求，最终达到全体中国人都幸福的宗旨的路径理念与行为观点；强调为人处事都应树立以人为本，视己为人，视人为己，人人为我，我为人人为理念；以一对一真实具体人际往来、和谐共处、人文交流、工作协同为时代人际关系处理原则和工作生活主流方式。

人头管理理论强调事是由人做的，也是由人评价感知享用的。人头管理理论回归以人为出发点和中心的管理，注重调动落实每一个人做事的积极性与责任心，实行个体人头化经营管理模式。

从思维科学与心理学来讲，人头管理理论要求人们的为人处事理念应以人为本，凡事人字当头，遵循社会发展包容性规律，通过"以己看世界，以人知社会，人人定万物，彼此同类人，换位和谐生"的思维理念与行为观点，使自己规范树立和践行时代的正确思想观点与行为准则。

人头管理理论要求向内认知、觉悟自己的内心，再以自己内心认知自己与人类，然后用看得到摸得着的人际交往，即具体鲜活的一对一交往，去了解事物、感知社会、适应环境、创造生活。有一切从我做起且相信他人同路同行、利益同一的行为规范。人头管理理论是一种需大力倡导推广的科技企业家时代生活工作方式。

第二，人头管理理论是运用事物人脉图绘制法原理，构建科技企家时代极力树立和践行正知、正念和正能量地从我做起，从现在做起，从本职工作做起，从周边人做起的行为习惯模式的理论观点与实践方法。

所谓事物人脉图绘制法原理，是指科技成果转化行业从业者在实际工作为中，坚持正知、正念和正能量地从我做起，从现在做起，从本职工作做起，从周边人做起的行为习惯模式，通过自我→团队→公司→区域→国家不同级次一对一人际合作进行事物的处理并描制成图，形成做事的流程图和人脉关系分析图的绘制理论方法。

此理论凡事都以人而非事为管理对象，并将做事的人的权责利具体明确、真实鲜活地细化落实在个人头上。每一个人的真实作用发挥效果，凡事都具体细化到每个人头上，实行事事人头化管理。将事物与责任影响，从过去集体担责造成虚空小概率事件，变成个人负责形成个体大概率事件或完全概率事件。每个人都可以而且必须对自己承担的每件事有全部权责利担当。

此理论强调无论是每个人做事做人，还是每个组织经营管理都需要将事物与责任落实到具体人头。此理论要求无论是接受或分配事物，都必须以正向积极、科学有效、负责用心的态度，严以律己地明确自己此时此地此事中的权责利，一对一进行事物流程具体负责人落实。形成每件需集体做的事，都以实际参与的每一个真实鲜活的人体现，以每一个具体负责的人分析评价管理其做事过程和结果，呈现无缝衔接的团队操作全流程。

第三，人头管理理论将正确认知并科学运用此理论的前提条件规定为必须树立践行科技企业家时代优势发展特色。人头管理理论明确提出科技企业家时代人人都应认知并践行的"国家任务、职业理想与个人愿景'三合一'实现国家、集体与个人'三合一'中国梦的理念思维与行为规范模式"。人头管理理论描述了大多数中国人在这个伟大时代的基本人生要求应当是坚持正知、正念和正能量地工作生活在科技企业家时代，最起码做一个始终坚守"有利于社会、家庭与自己"原则的中国好人以及履职尽责守本分的合格科技成果转化行业从业者，拥有当代中国公民基本道德修养与人生价值规范。

从社会科学与行为科学而言，人头管理理论要求每一位中国公民都应该在现实生活与实际工作中，团结统一在社会主义核心价值观的思想观念与行动步调上，相信党、相信政府，相信他人跟自己一样，发自内心地信奉和谐理念与家国情怀，以及实现中国梦的发展模式；坚持践行从自己做起，从现在做起，从本职工作做起，从周边人做起，树立世界大同、共谋发展的理念行为；始终做有利于社会、有利于集体、有利于自己的好事；超越自我、排除误导，坚持行进在实现中国梦的光明大道上。

第四，人头管理理论以从自我素质修养提高出发，用"双方同一共赢"的行为理念以及一对一的友善心、同理心、合作心为人处事看世界为科技企业家时代发展观。人头管理理论特别要求个人自我人性修为，践行凡事从自己做起，从现在做起，从本职工作做起，从周边人做起，以己为人、由己及彼的科技企业家时代人类社会生存发展包容性规律。

人头管理理论不仅在与社会、大自然相处时讲求真实、客观、和谐共处，在经济建设与日常工作时也要讲究一对一人际交往"双方同一共赢"的发展之道。

这不仅是响应党和国家科学正确领导建设创新型国家的号召，适应"三合一"实现中国梦的时代发展优势应有的个人修养与行为规范要求，也是每个人人生幸福成功的要诀，更是未来信息社会保障伦理道德与社会秩序的理论方法。

二、人头管理理论产生的时代背景与社会现实

人头管理理论产生的总体时代背景与社会现实状况，同党和国家战略规划提出用"十三五"五年时间准备建设创新型国家的法律法规制度，用全面深化改革、全面依法治国和全面从严治党的战略，全面实现小康社会的发展目标战略如出一辙。这也跟本书其他内容一样是"顶层设计与基层首创模式"的完美体现。

人头管理理论是顺应当代现实，领悟党与政府一系列相关理论论述和实践号召而形成的。人头管理理论既是笔者对习近平总书记"三严三实"论述的理论效仿和基层首创，也是笔者对"三严三实"活动与反"四风"活动科学性与正确性的独立个人理论思索结果。人头管理理论是笔者追求践行以己为人，彼此皆为同类之人，凡事落实到人头的求真务实工作生活作风的自我内心思想反映的表述。

三、人头管理理论的价值意义

（一）人头管理理论是新时代中国人心理重建与思维修正必需的理论指导

人头管理理论认为，中华民族的崛起来自于中国人的崛起，体现在中国人的精神面貌与物质生活水平上。人心不齐、政令不通的某些个别现象的改变，需要从现在做起，从自我做起，从本职工作做起，从周边人做起，形成大多数中国人拥有"三合一"实现中国梦的理念思维与行动规范，才能实现。

人头管理理论就是针对承前启后、继往开来的新时代，中国人崛起的现实考量以及党和政府相关论述与政策领会，来自笔者内心感悟的当代中国人思维方式与心理建设科学理论的总结。

为了迎接中华民族复兴和"国强民富己发展"的科技企业家时代，中国从宏观到微观，从官方到民间，从高层到大众亟待建立一个全民认可并努力践行的时代生活工作方式，形成科技企业家时代风范与精神面貌，构建中华民族复兴、国强民富的人心和向心力基础。这是人头管理理论产生最大的价值意义。

（二）人头管理理论是"三合一"建设创新型国家的理论基础与管理创新

在中国建设创新型国家的科技企业家时代里，要实现国家政策定义与国家战略规划的任务目标，当务之急在于需要科技企业家开路领头，推动全民创新意识与创新能力普及，促成国民素质提高、民族崛起、文化复兴、全民凝聚力提升，使科技成果转化行业核心战略地位真正到位，作用得以有效发挥。从科技成果转化行业发展关键因素分析来看，科技成果转化整体运行系统畅通有效、科学合理的关键决定因素均来自所有子系统的人力资源质量与数量现实标准高低。通过对人力资源质与量提升因素进一步剖析来看，特别是从国家、社会层面和创新时代人力资源要求角度分析，各行各业的从业者，特别是科技成果转化行业的从业者做人的人性技能与决策的观念技能的形成与运用起着决定性作用。以企业管理为例，就当下科技型小微企业可持续发展要求说，企业管理者（科技企业家）必备的三项技能，即做事的技术性技能、做人的人性技能和决策的观念技能来说，对其成功的重要性依次递升。因此，作为培养形成科技企业家科学正确做人和决策技能、引导全民树立中国好人基本共识价值观以及合格科技成果转化行业从业者职业素质与专业技能水平的人头管理理论，构成了本书一项理论基础和管理创新方式。

在科技成果转化行业工作中，运用人头管理理论不仅可以改革提升科技成果转化运行管理机制，而且对科技成果转化行业从业者的实际工作效率与业绩增长作用突出。

人头管理理论可以让每名科技成果转化从业者各施其责，各尽其能。人头管理理论要求科技成果转化行业从业者在实际工作中，首先，从我做起，以人为对象，以项目为内容，寻找建立好科技成果转化工作团队或同盟军，形成公私资源合力协作同盟；其次，要求科技成果转化行业从业者在实际工作中，做好以人为本，分工到人、责任到人，人人各施其责、各尽其能、同创共享的制度设计，求真务实做好每项科技成果转化项目，既让每位科技成果转化人才能力的发挥可以专业对口、有的放矢、学用结合，又可以一对一有针对性地"传帮带"培养各种科技成果转化职业或专业人才。

人头管理理论是科技成果转化行业科学发展观落地生根的方式。创新驱动发展战略是国策，"大众创业、万众创新"是全民活动，国家任务、职业理想与个人愿景"三合一"实现国家的、集体的与个人的共同的中国梦，既是我国当今时代建设创新型国家的一大特色，也是时代、社会发展的一大客观规律。人头管理理论的研究搭建，有助于我们树立践行"没有'三合一'的协同努力奋斗与协调平衡同步的整体成功就没有单项梦想实现"的发展理念。

人头管理理论不仅可以从上而下运用，也可以从下而上运用，特别是对校正过去忽略个体发展，在体制内缺少工作业绩与责任未能具体落实到个人的现象很有效果。人头管理理论通过建立真抓实干、履职守责、恪守本分基础上的强调个人责任与能力发挥的创新工作运行机制，形成专家对话、内行交流的科技成果转化职业化、专业化环境体制，实实在在调动每一位实际科研与经营管理人员的创造性、积极性与参与感。人头管理理论体现鼓励从我做起、从现在做起、从本职工作做起的爱国敬业精神，让每一项具体资源运用都能真正具有促进科技成果转化发展的实际效益，使人人具有创新发展的科学发展观并践行于自我本职工作当中，从而保证创新驱动发展国策切实得到全民支持，与实际科技成果转化宏微观工作机制运行响应。人头管理理论由此起到一项创新管理制度应有的作用。

科技成果转化政策环境子系统和宏观调控子系统的工作人员可以运用人头管理理论进行国家行政管理的公共资源创新市场化配置，改革国家科技计划管理机制的制度设计与措施实施方面的理念创新和方法创新指导。人头管理理论可用于研究探讨如何发挥中国科技成果转化行业"三合一"发展优势及社会主义市场经济特色；如何引领国家行政管理与经济运行、法律制度创新改革总体协调、与时俱进、整体同一同步发展；等等，从而为实现民族崛起、人民幸福的创新型国家愿景开拓出一种新的工作思路和方法提供参考帮助。

（三）人头管理理论是科技企业家时代人伦道德与社会存在意识理论

人类社会飞速发展需要用人头管理理论进行现实人际确认与实景空间生活人伦道德的哲理思考。

在现在与不久的将来，无论是从全球范围内而言，还是从中国自身而言，客观世界维度不断扩充已是一个不争事实。人类社会不以任何人适应不适应、恐惧不恐惧为转移，而是正在自然、客观、现实地进入一个虚拟与现实越来越融合，智能化、信息化的实景经济社会。人类已进化到了更高级的信息社会形态，进入了一个人类生存发展的实景经济新纪元和大数据新时代。科技社会的迅猛发展、互联网信息技术的无限生活化，使得当代每一个普通人都面临无知的恐慌与适应的欢愉不断交替的现实冲击。未来，也许我们每一个人都可能会面对"两个自己"同时存在的现象，一个是传统真实的自己，一个是虚拟智能的自己，虚实两人同时生活在实景空间。还有可能出现因生物技术、人工智能化技术高度发展更加普及的各种克隆现象。这会出现科学发达而人类思维和人伦道德失控的现象，带来人类社会思维混乱与伦理道德问题。这更需要我们运用和发展人头管理理论，从自我内心出发，从坚持人与人真实鲜活交际，坚守人类社会本源科学思维，维护正常伦理道德，保持人类社会科学发展的人生哲理和社会秩序。

四、人头管理理论的具体应用

（一）学做一个中国好人和合格科技成果转化行业从业者，最起码对得起自己的一生，还可坐享创新型国家"国强民富己发展"的时代人生红利

我们每一位有智慧、有理想、有实力、有文化的中国人，无论是官还是民，是得意还是失意，是上层人物还是普罗大众，都应该从我做起、从现在做起、从本职工作做起、从周边人做起，按人头管理理论思维，扪心自问，看自己在这个伟大的科技企业家时代，可不可以有什么作为和能力，成为集时代精英使命和民族英雄责任的科技企业家。若没有成为科技企业家的想法与能力，最起码要求自己成为友善幸福的中国好人和合格的科技成果转化行业从业者。这是当代社会发展对人最合理的人生理念要求，是作为人应有的最基本的人生态度选择。

1. 科技企业家时代普通公民的人头管理理论应用

卡尔·荣格说："向外看的人是梦中人，向内看的人是清醒者。"

我们以清醒者角度自悟，以梦中者角度反思，科技企业家时代普通公民想做一名当代中国好人和合格的科技成果转化行业从业者的理念观点及其应有的为人处事思想作风与行为模式就是：首先，自己把自己当遵纪守法的普通公民和履职尽责守本分的科技成果转化行业从业者看，坚持"做同时有利于社会、家庭与自己的事就是好事"的理念行为，将追求践行做一名分享时代发展红利、过平常幸福日子的中国好人和有职业素质能力与专业技能水平的科技成果转化行业从业者基础上，有机遇和天赋再追求做一名有正能量且有财富、有知识、有文化、有理想、有责任的科技企业家，当成这个时代一个普通人应有的理想与成长模式。其次，我们要将别人当同类人和同路人看。我们要将所有影响自己的实实在在社会因素视为自己的基本生存发展客观现实环境条件，清楚明白自己是生活在人类社会里的一个人，坚持以人字当头，看待一切环境事物，有自己是人类社会一分子与周围人群开始人际互动，方能相联形成和认知整个世界的人头管理理论观点，清楚"人与群分、物以类聚"的道理。对每一个人，都用环境彼此共造的友善之心，换位理解，别相互诋毁消耗，而应和谐相处，同创共享。每一个人都从我做起、从现在做起、从本职工作做起，明白"心态决定命运"的道理。学会不要埋怨更不要憎恨环境以及与自己相遇的人或事物。有一颗感恩惜缘之心，既不要妄自菲薄，无天下兴旺匹夫有责之心，也不要无人文精神，恶性竞争。自己做到用信念行动让自己成为自己理想的践行者，而不是无知、无识、可怜、可恶的空想家。坚信一定会寻找到越来越多的在实施创新驱动发展战略全面深化改革时期，与自己一样从事科技成果转化行业的同心同德、同质同类的职业化和专业化同路同行者。就像攀登同一座山峰，你扯我拽谁也上不去，各自攀登耗时费力且无效率，不如你拉我一把，我推你一下，共同登顶，并肩同看无限风光。同时，更要有自己身为炎黄子孙的自豪感和清楚的定位，杜绝胡思乱想式的虚幻思维。我们要将所有工作关系都以职业人和专业人标准来看待。我们要在实际工作中，用自己的职业素质能力与专业技能知识认知科技成果转化行业各环节各岗位的职责功能，并赋予相应各环节各岗位工作人员相应地位和待遇。无论我们身处体制内还是体制外，或是说从事政府工作还是在民营岗位，在科技企业家时代都应以人头管理理论为指导，抱着同理心，换位理解，明白彼此的协同互助关系，明白政府及各职能部门工作人员的职责和工作性质，即同属科技成果转化行业工作，同处于中国前行之路与各自奋斗路径上。彼此信任而不怀疑，同创共享而不互相埋怨攻击，努力实现中国梦，达成建设创新型国家最高的人文环境境界和工作环境系统。以此可以纠正过去我们对体制内外工作人员不同的看法。更重要的是经过全党全国人民在"十三五"期间共同努力，建设创新型国家，在科技企业家时代实现中华民族复兴盛世。

我们客观地说，即使我们现在已进入了"准科技企业家时代"，也到了"十三五"规划开局之年，但面对国家支持的机会，不是人人都能把握或认识得到的。每一个中国公民，首先要求大同存小异，团结统一在国强民富己发展的时代机遇上；其次，要尊重客观发展规律，认清自身能力条件限制，做自己能做的，将自己的命运与时代和国家相连，相信党和政府，履职尽责守本分，遵纪守法做一个中国好人。我们普通公民恪守做中国好人的行为理念，以点带面，一人一人突破，形成可开拓引领的科技企业家精英人群。在此基础上，全民在科技企业家引领示范下形成科技企业家时代共识与时代风尚，实现全民创新意识能力普及提高和国民素质普遍加强，构筑好建设创新型国家的人力资源基础条件，创造出实现真正的科技企业家时代的机会和希望。

2. 科技企业家时代过去利益受惠者的人头管理理论应用

若是过去体制既得利益者或不当利益受惠人，更应按人头管理理论，认真客观判断一下当代中国建设创新型国家的想法、决心与信念如何；更应该看清当前世界发展趋势与中国发展现实走向下的自我人际关系与境遇如何。笔者相信，过去体制合法合规合理利益获得者，一定会跟随以习近平总书记为首的党中央和中央政府走向更加光辉灿烂的明天，与全党全国人民同创共享建设创新型国家的科技企业家时代的美好生活。同时，笔者也注意到有一部分过去体制下不当利益获得者，他们比普通百姓拥有更多人脉资源和丰富的政治与经济博弈经验，一定比普通百姓更清楚中国政府与人民建设创新型国家的决心、信心以及必然趋势。这部分人因各种原因，现在尚徘徊在个人选择决策的边缘，甚至有些人表现出对国家与社会的抵触。他们可谓是螳臂当车，不自量力。如何在现实生活中主动积极地跟党中央与政府保持政治上的一致服从，经济上的创新参与，用实实在在投资科技成果转化行业，真正建设创新型国家的行为，跟党中央与政府以及全国人民一道，与时俱进转换既得利益格局，继续保持自己高起点、高水平的发展态势。这是他们十分艰难却不得不考虑尝试而为之的人生重大决策难题。此时，他们不能错识领导人为国为民的坚强宏志以及全党全国人民求国强民富己发展的迫切心愿，低估党与政府反腐倡廉，实现清正廉明以及治国理政振兴中华的决心。

3. 科技企业家时代能人志士的人头管理理论应用

你若是志存高远而困厄于现有环境，或者跟笔者一样，感觉到了自己心跳越来越与国家民族发展前行的脉搏同频共振，形成了与党、政府和全国人民同呼吸共命运的时代气势，正蓄势待发。此时，我们如雄鹰一般即将展翅翱翔在祖国蔚蓝色的天空里，看中华万里江山锦绣无限，处处都是祥和宁静的美景。我们不由得心生用信念与行动不辜负建设创新型国家，实现"三合一"中国梦千载难逢的时代机遇的豪情壮志，下定决心哪怕用我们两代人甚至三代人的努力，终究要让祖国母亲重焕东方迷人的魅力，重振民族辉煌，昂首挺胸屹立在世界之林。我们的中国梦必定会是在科技企业家时代让我们运用人头管理理论，以国家任务、职业理想和个人愿景"三合一"实现国家的、集体的和个人的中国梦。我们用知识文化营造家庭幸福美满的内涵底蕴，拿实力打造家庭质量品味的层次内容，做一个对得起天地良心、问心无愧的中国好人和履职尽责守本分的合格科技成果转化行业从业者。若有天赋与机会条件，希望我们之中出现越来越多的集社会精英使命与民族英雄责任于一身的先进领军人物——科技企业家。全党全国各族人民同心同德、齐心协力共同努力奋斗迎来国强民富己发展的科技企业家时代。

作为一名合格的科技成果转化行业从业者来说，想必早已听到了国家和时代实施创新驱动发展战略全面深化改革的进军号角，看到了党和国家领导人紧紧围绕建设创新型国家，从政治、经济、社会、文化、法律甚至民生所做出的卓有实效的全面深化改革战略部署与行动。我们坚信中华民族复兴的脚步正由上而下越来越响彻中华大地。由国家政策定义与战略规划的"准科技企业家时代"已经来临，"大众创业、万众创新"活动已成燎原之势，科技成果转化的明媚灿烂的阳光已经普照大地。

同时，我们以从自我做起、从现在做起、从本职工作做起的以己为人、由己及彼的人头管理理论人类社会发展法则观察分析，不难发现，在现实环境中，不仅价值观相同、事业目标一致、理念观点统一、生活愿景相近、感情融洽的同志，而且职业规划接近、方向目的相同、技能技巧互补、职业结构合理的事业战友也不多。科技成果转化行业从业者想成为科技企业家而寻找组建"兄弟加战友式"的科技企业家团队很难。有时，畅通无阻的交流对象也很少，可能甚至有时还会面对个别利益当权者压制打击，乃至剥夺他人从事科技成果转化的工作机会和条件的困境。或者有时会面临身份地位与职业、专业水平不符的专家学者领导或不同政治觉悟、思想水平的同事不理解、不支持甚至非议反对。这些常常会使人产生人微言轻、怀才不遇、报国无门的挫败感。这些现象实际上就是"十三五"战略规划从上到下应解决的建设创新型国家重大基础环境条件准备的问题。从客观性来分析，这是任何事物发展之初和开局之年都会出现的基调尚未统一、全民意识与行为规范还待建立的不成熟的表现。这是事物从量变到质变，从无到有、由少至多客观发展的必经历程。

面对"准科技企业家时代"这种困难局面和问题，我们唯有运用人头管理理论，首先，必须从政策层面和宏观层面坚定建设创新型国家的信念与决心不动摇。相信党中央与中央政府能够洞察一切时事民生，清楚当前中国国情与政治、经济、社会形势，一定会高瞻远瞩、运筹帷幄、坚定不移地带领我们冲破一切阻碍困境，做好"十三五"建设创新型国家的准备工作，形成建设创新型国家优越的法律制度与人文环境。其次，更应树立强化人头管理理论的以己为人，由己及彼的社会中心与事物顺序观。清楚自己所做之事的科学性、正确性与合理性，结合对党和政府客观判断，找准当前困境问题的实质，加强对自己建设创新型国家从事科技成果转化行业是上符国策、下合己能，实现国家任务、职业理想与个人愿景"三合一"中国梦，履行时代发展使命与民族振兴责任，走进国强民富己发展的科技企业家时代最佳之路的坚定决心。坚信自己只要沿着这条党与国家指引，全国人民向往的康庄大道，坚持不懈努力走下去，一定会出现越来越多的同心同德、同路同行、同质同类、愿景同一、强强互补的"兄弟加战友式"的科技企业家团队成员；形成建设创新型国家主流正能量；出现越来越多的践行"三合一"中国梦思维理念和行为规范模式的科技成果转化行业专业人才与职业人士行进队伍，最终实现社会主义核心价值真正成为国家、社会与公民的理念原则和规范法则，全民努力建设创新型国家的科技企业家时代。

从人类心理学角度来看，人此时此刻站在什么高度或角度思考问题，决定了其看待解决这个问题的深度与长度，甚至于正确性与有效性，人对同一问题不同认知定性，往往就决定了这个事情对人而言是机遇还是挑战或者是成功还是失败。在实施国民经济与社会发展"十三五"规划的"准科技企业家时代"，准备完善建设创新型国家的一切资源条件中，最核心、最重要、起关键决定作用的因素，不是物，而是人的思想意识的提高转变。

当前党与政府全力打造树立的社会主义核心价值观，首条定为"富强"，将人民富裕作为建设创新型国家的首要核心任务目标，鼓励号召全国人民创新驱动求发展，共同努力奔小康。国家在实施"十三五"规划期间，通过全面体制深化改革，鼓励推动那些尚坐在"象牙塔"里的知识分子面向经济，致力于科技成果转化为现实生产力。国家从法律制度上保证科技成果转化行业从业者，不仅为建设创新型国家做出巨大贡献而获得政治荣誉，而且还奖励让这些用科技创新驱动中国经济发展的知识分子获得经济奖励。从国家法律层面推动知识分子或企业家通过科技与经济融合，以科技创新对社会进步的贡献，获得项目与自身的经济效益和社会效益双丰收，成为有财富、有地位、有知识文化、有理想抱负的社会精英与民族英雄。现在，对有能力、有志向的知识分子或企业家而言，属于自己的时代已经来临，成功的关键很大程度上取决于自我思想意识提高，理念思维和行为规范符合时代要求。

（二）建立践行本书创新提出的人头管理理论，可以形成科学有效的管理理念与科技企业家实干风格的公司管理举措

1. 人头管理理论是科技成果转化行业从业者在"准科技企业家时代"，应当科学有效地理解、认同、掌握、运用的创新基本理念与行为方法法则

人头管理理论要求：组织或单位进行任何工作或项目任务安排时，都应针对本人而非其所处部门。将此项目任务的权责利均具体明确落实到实际工作人员，实行项目事务个人全权负责制（首席专家负责制）。每个人无论做什么工作或项目任务，都要有按此事的可行性研究报告与执行方案个人策划设计（应聘答辩）。要求组织明确个人在这件事上的主体权责利，将此事执行完全落实在具体某个人身上，赋予他完全责任人的身份，令他从程序到实体都有以个人的名义、能力与德识才学实实在在担负起做好此事的具体权责利，特别是经济奖惩得到兑现。每个人做每件事都突出规划的科学性、执行的合理性与完成的责任心，达到事前心中有数、事中执行有力、事后荣辱自担。总而言之，就是每件事都要有名副其实，有担事、干事合二为一的实际负责人。不容许以组织或集体的名义虚化个人责任或弱化甚至剥夺个人合法正式的工作权责利。杜绝名义负责人现象出现在科技成果转化工作中。人头管理理论实施途径与效果应当通过强化改善创新首席专家负责制，达到使科技成果转化的每项工作，特别是国家任务，因事设岗聘人专人管理，使科技成果转化工作机制运行做到任务到人、分工到人、责任到人，人事对应，成败归一，担事、干事合一，无任何组织或他人作为借口，实现任务件件有人抓、事事有人干、个个职责清、人人有交代的项目事务个人全权负责制。

科技成果转化行业从业者要科学正确地认知国家政策和战略规划定义的"准科技企业家时代"，真正践行国家任务、职业理想与个人愿景"三合一"实现国家的、集体的与个人的"三合一"中国梦的理念思维与行为规范模式，建设创新型国家，形成"大众创业、万众创新"所要求的全民创新素质能力，成为集时代精英使命与民族英雄责任于一身的科技企业家，同创共享国强民富已发展的科技企业家盛世年代。我们必须以人头管理理论为指导，按符合客观现实环境与社会发展规律的要求，以相信党、相信政府、相信"三合一"时代发展优势，相信自己

拥有上符国策、下合己能的无限广阔的事业机遇为理念信心，从现在做起，从自己做起，从本职工作做起，从周边人做起，加以全民推广。科技成果转化行业从业者在实际工作为中，可以通过自我→团队→公司→区域→国家不同级次一对一人际合作推广科技企业家时代理念。用人头管理理论进行业务交流与项目合作，不断壮大科技成果转化行业职业人员和专业人才队伍。在事业成功，形成一个科技企业家人群时，进行一对一的生活愿景展望交流与价值观和发展观沟通，让每一个人才家庭都拥有科技企业家事业成功的享受。这就是人头管理理论所描绘的合格科技成果转化行业从业者在"准科技企业家时代"的成长之路。

2. 人头管理理论是治愈官僚主义与形式主义或"浮夸风"的一剂良药以及反腐倡廉、正本清源的好处方

笔者经常在工作中听到很多"豪言壮语"。例如，很多单位领导说今年要做这个项目或那个项目，一定要实现5亿元的业务收入，给每个职工发多少福利。这种领导的大会讲话非常让人激动且令人向往，但稍加深究，事实是项目是有，可单位却根本无人跟进可以做这些项目。还有部分单位领导一天到晚在外谈大项目，很有成效的样子，而且到处谈自己的业绩和宏伟规划。结果所有项目都是他一人从头到尾在空谈，他一个人不要说干好，就是应付参加各种项目会议都没有时间和精力。这种领导，一是自己不把自己当成组织领导，总怕单位同事甚至年轻下级抢了自己的东西或地位；二是没有领导能力与艺术，德自觉不能服人，技自感不能压人，只能自己不把自己当领导独干乱说一气。这样的领导有时遇上两三个自认为可以信任同事，就任人唯亲巩固自己的地位，没有任何组织观念原则，将这两三个亲信，视为自己的草标式人物使唤。他认为重要的部门或项目全由其亲信统揽，毫无工作贡献，更谈不上单位发展。这种欺上瞒下无组织行为，只要运用人头管理理论，结合最简单的经验法则，非常容易判断出该单位管理幅度和管理层次的极端不合理性，让这种行为行使的难度和暴露的机会大大增加。

3. 人头管理理论是简单直接判定项目任务或指标有无可行性或水分的试金石以及招贤纳才干事业的制度创新设计

任何事务发展时，其他情况条件都可以从无到有，逐渐完善，只有人不可能完全没有，也不可能有一个没有相关基础知识能力的人可以立即上手就做成功需要专业知识与职业经验的人才能做的事。我们可以在人才缺乏、事务重要且紧迫时，让人"在干中学、在学中干"，以此积累总结第一次经验，在实践中付出，但这绝不是事物通常合理的发展规律和成功的途径。因此，任何事项的可行性分析，最简单直接的分析判断方法就是对起决定作用的经办人的数量与水平的匹配程度值评估。通过对人即担事干事合一的负责人进行简单直接的考量分析就足以作出一个大致正确的定性结论。根据一件事或一个项目有没有合理的、基本的人力资源条件评估，就可以基本判断其是否可能完成。同时，还可以判断此项目或任务的可行性大小。

人头管理理论这种简单直接判定项目任务或指标有无可行性或水分多少的方

法，原理特别浅显易懂，效果特别突出管用。其可否实施或效果好坏的关键，却还是在人身上。决策实施人的责任心高低以及实施单位的制度保证有无，是这种方法能否实施及实施效果好坏的前提条件。正因为这种方法的作用效果及前提条件紧紧围绕以人为本的原则，特别适合于当前全面深化改革的进一步开展。当前，在实际工作环境中，往往存在着做事的责权利是否落实在个人人头上，状况与结果迥然不同的现象。特别是在体制内，只要具体的权责利没有落实在个人人头上，某些人就可以打着组织、国家和党的名义糊弄过去。实际考核的工作好坏与项目任务完成与否是单位组织的事，个人只要跟着不求有功但求无过就行了，既可以没有工作责任心，也可以什么不在乎。但是，当工作需要个人来负责时，特别是这项工作跟个人的权责利全面挂钩，不说个人此时的工作积极性如何高涨、责任心如何显著，个人在接受项目任务之初时，若组织稍有调研不足、考虑不周作出了稍许不合理、不科学的决策，个人也会在接受项目任务时，充分发挥自己的职业经验与专业水平及时发现问题，并积极主动提出调整方案给组织一个合理化建议，防止自己工作被动失职，确保项目任务可以按计划预期完成。

第十三章 科技企业家时代

一、科技企业家时代的定义

本书定义的科技企业家时代，特指中国国家政策定义和战略规划的以科技成果转化行业从业者为主体建设者，其中的佼佼者，即科技企业家，成为具社会精英使命和民族英雄责任于一身，对经济社会发展有关键影响作用的高端复合人才，足以担当此时代的标志性人物，在未来国民经济与社会主要发展轨迹中起着社会引领、经济先行、科技创新作用的 2016—2050 年 35 年的创新型国家建设期。其中，2016—2020 年为实现建党一百年全面建成小康社会中国梦的"准科技企业家时代"；2020—2050 年为实现建国一百年建设富强民主文明和谐社会主义现代化创新型国家中国梦的科技企业家时代。

科技企业家时代的出现，使人类社会主体职业者依次表现为：农业社会的传统农民→工业社会的产业工人→信息社会的知识技工→实景社会的科技商人。

结合中国科技成果转化发展沿革史全过程考量，把科技企业家时代前推，加上中国创新发展历史，则将整个建设创新型国家的年代，按科技成果转化发展进程不同，划分成了"科技成果转化第一阶段""科技成果转化第二阶段""准科技企业家时代"和科技企业家时代四个时期。

从现在到未来 2050 年的 30 多年期间，科技成果转化行业不断成长，越来越突出地体现出国民经济与社会发展基础支柱产业和国家战略产业核心地位。其从业者成为社会主体职业人群，而其中的佼佼者——科技企业家成为时代精英与民族英雄。这一阶段是全党全国人民准备齐心协力实现"两个一百年"中国梦最美好的未来年华。

科技企业家时代以产生科技企业家人群并使其成为时代精英与民族英雄为社会标志，以"中国制造 2025"与"互联网+第四次工业革命"形成科技成果转化行业战略发展核心基础地位为时代特征。在实施创新驱动发展，全面深化改革的政策形势感召下，全国上下掀起重振国家纲纪、发展民族文化、重修炎黄子孙德识才学的国家行动热潮。全党全国人民都用世界和谐与科学发展观，努力树立人人争做中国好人的时代风尚，积极践行创新创业理念观点的时代风范。全国各行各业工作者，都以科技成果转化行业从业者的国家任务、职业理想与个人愿景

"三合一"实现中国梦的思维理念与行为规范模式为标准楷模,从现在做起,从自己做起,从本职工作做起,全力以赴、齐心协力、同心同德、同路同行投入到准备建设及实际建设创新型国家,实现国家的、职业的和个人的"三合一"中国梦的时代洪流中。全党全国人民上下同心同德、齐心协力、努力奋斗,用现在到未来30多年的时间,力争将国家政策定义与战略规划及全民向往努力的科技企业家时代,真实鲜活地变为国强民富己发展所呈现的国家先进、祖国富强、民族兴旺、人民安康、社会和谐自由的创新型国家。全国人民一定会满怀信心同创共享这个充满希望和努力的中华理想盛世年代。

二、科技企业家时代的命名思路

我们把党中央和中央政府实施创新驱动发展战略、全面深化改革以及建设创新型国家战略规划,勾勒出的在2016—2050年,实现"两个一百年中国梦"的主要发展轨迹表现的社会特质和经济特点加以总结提炼。以其主体建设者先进人物命名,从而定义了科技企业家时代。

科技企业家时代概括了中国从确定科技创新是一切经济社会发展的原动力,正式全面进入实施创新驱动发展战略、全面深化改革时期,至当下"十三五"开局之年做好建设创新型国家一切法律制度及资源环境能力条件基础准备,乃至2050年建设完成创新型国家的现在或未来国民经济与社会发展全过程。

根据国家政策召唤实现的"建党一百年中国梦",执行国民经济与社会发展"十三五"规划的时间节点标志,将2016—2020年定义为"准科技企业家时代";根据党中央和中央政府战略规划决策,实现"建国一百年中国梦"的时间节点标志,将2020—2050年定义为"科技企业家时代"。

总而言之,科技企业家时代特指通过国家政策定义与战略规划描述憧憬的从现在到2050年,中国未来30多年发展蓝图与美好愿景的时代中远景概况,并达成建设创新型国家的全民共识与行动的年代。这个未来时代将产生科技企业家群体,并具备其发挥推动社会经济发展的先进人群作用。通过科技企业家成功从事企业科技成果转化与经营管理,引领全民"大众创业、万众创新"活动,共同实现与科技企业家追求同一的社会主义核心价值观,造就包括自己在内的科技成果转化行业从业者,成为建设创新型国家的主力军与时代先锋。"准科技企业家时代"充分普及运用科技企业家时代特有的国家任务、职业理想与个人愿景"三合一"实现中国梦的思维理念与行为规范模式的发展优势,促进上符国策、下合己能的科技成果转化行业化与职业化、专业化进程,具备科技企业家时代建设创新型国家的一切有利的良好法律制度与社会、经济、人文环境条件。通过几代中国人民的同创共享,在未来30多年里建成文化复兴、民族崛起、国强民富己发展的创新型国家。科技企业家在属于自己的美好年代,能够实实在在成为不负时代使命与历史责任,充分体现主流社会价值标准的时代精英与民族英雄。

简而言之，科技企业家时代不是一种历史年代特定称谓，是未来年代特色概括定义。它是由国家政策定义与战略规划以及公民未来憧憬，形成全民共识行动，并齐心协力、全力以赴、艰苦卓绝、努力奋斗才能实现的，从当下到未来 30 多年的中国社会经济发展规划或中国发展全景蓝图所归纳总结出的一个特定未来年代预期分段概念。真正在现实中实现这些规划蓝图，尚需我们通过"十三五"规划执行，去达成一切必要条件，再通过建设创新型国家长期奋斗。

我们根据对科技企业家时代的科技成果转化行业战略核心地位分析以及人类社会新纪元将伴随建设创新型国家出现预测，结合对国家政策与战略规划催生的新兴大众主流人群——科技成果转化行业从业者，及其成为时代精英与民族英雄的佼佼者——科技企业家素质能力与思维理念特点设定，可以清楚意识到，从现在到未来 2050 年，无论是用大数据时代，还是互联网时代、智能化时代、信息化时代或创新发展时代，概括其时代特色都离不开同创共享这个年代的核心主体人物——科技企业家。而且，以人而非物概括一个时代，其概念的内涵与外延扩展不少，使其不仅表示这个时代的物质特征和产业发展特征，还可以表示这个时代的人文特色，凸显了这个时代主流社会形态与主体产业性质以及国家与民众价值观走向。仅以致敬和推崇的理由，以在未来 35 年肩负起了时代使命与历史责任的杰出科技企业家们命名这个时代，也有十分充足的理由和意义。

三、科技企业家时代的发展观

科技企业家时代的时代感来自国家政策定义和战略规划内容的提炼表达。科技企业家时代的发展观同样来自当代党中央和中央政府所倡导的科学发展观。

科技企业家时代是通过对未来时代发展特色及发展基调、方向以及核心基础行业、主流主体职业预判概括，用对社会发展、时代走向有决定作用的未来社会主体职业者的杰出代表——科技企业家命名这个时代。这旨在表达一种科技企业家代表的时代精神、理念观点和行为规范。它浓缩提炼表达了未来时代世界科技进步产业中坚力量所在。它表明了国家政策定义和战略规划赋予科技成果转化行业及其从业者，对这个时代多么巨大的创造力与影响力，使当代科技成果转化行业从业者可以直接明了地感知自己的时代使命与历史机遇。笔者希望全党全国人民紧密团结在以习总书记为首的党中央和中央政府周围，借助科技企业家的引领示范作用，通过对科技企业家时代命名逻辑依据内容的理解认知，并按从自己做起、从现在做起、从本职工作做起的思想作风，认识掌握国家的、集体的和个人的中国梦，以展示优势特色，形成国家任务、职业理想与个人愿景"三合一"中国梦的理念思维和行为规范模式。随时有针对性地提升自己在建设创新型国家中的政策水平与战略眼光，拥有正确有效的时代感与科学合理的发展观，不辜负这个时代和国家重托，与时俱进同创共享时代进步、社会发展的荣耀和成果。

四、科技企业家时代的四个时期

科技企业家时代若要考虑到先期产生的历史，则划分为以下四个时期：

（一）科技成果转化第一阶段

这一阶段源于 1996 年 5 月 15 日第八届全国人民代表大会常务委员会第十九次会议通过并颁布了《中华人民共和国促进科技成果转化法》。在此阶段，中国开始实行科教兴国发展战略，国外古典创新理论，特别是"创新之父"熊彼特的创新理论在中国被重新激活。科技面向经济，实现科技与经济的融合逐渐成为战略国策与实务流行。技术转移业务与技术市场拓展开始运行。R&D 资金投入主体已开始从政府主导型向政府、企业双主导型过渡转化。中国科技成果转化行业发展进程，开始从 R&D 阶段进入科技成果转化第一阶段。R&D 专家开始呈现科技企业家雏形，科技企业家种子已破土而出。

（二）科技成果转化第二阶段

这一阶段以党的十八大为起始时间节点。2012 年 11 月召开的党的十八大明确提出科技创新是提高社会生产力和综合国力的战略支撑，必须摆在国家发展全局的核心位置。强调要坚持走中国特色自主创新道路，实施创新驱动发展战略，从而标志着中国正式进入科技成果转化第二阶段。这一阶段，中国科技成果转化行业发展进程表现为 R&D 资源投入企业主导模式已启动且成不可逆发展态势。科研人员办企业成为政策支持行为。"学术型企业家""专家型企业家"以及科技企业家等提法开始散见于报纸杂志。理论上开始研究创新人才与科技成果转化人才行为对象。科技成果转化已从法律概念实施到实务盛行阶段。科技成果转化成为科技工作的"一号工程"，重中之重。

（三）"准科技企业家时代"

"准科技企业家时代"有两大发展主线：一条是实现建党一百年的中国梦；另一条是执行国民经济与社会发展"十三五"规划。在此期间，国家号召全民开展"大众创业、万众创新"活动；推动国家、区域、企业及个人实施各项创新驱动发展战略国策和全面深化改革政策措施；促进企业科技成果转化与经营管理活动健康有序发展；完成了中国进入科技企业家时代建设创新型国家的一切基础环境条件。特别是国家治理机制与科技成果转化职业人员及专业人才资源，还有强国富民已发展必需的和谐理念、国家使命、民族自豪、文化底涵以及科技企业家精神、信念与行为法则等国民素质与共识培养大见成效。

在"准科技企业家时代"，中国迎来了以"德国工业 4.0""美国工业互联网""中国制造 2025"为标志的第四次工业革命，开启了以"互联网+"以及国家战略性新兴产业发展活动为领军的新兴高科技产业拓展。全世界以及中国，在互联网线上线下实景空间现象常态化的实景经济下，已经越来越多地出现智能化生产与智慧型生活态势。随之不断涌现的人类社会生存发展新需求以及相应不断应运而生的新产业新职业，既为科技成果转化行业发展展示了广阔前景，也为科技成果转化行业注入了新的生机和活力，为科技成果转化行业自身发展及促进其他各行各业进步，提供了无限可能。

"准科技企业家时代"以"十三五"规划实施和建党一百年中国梦为标志事件。这一时代，中国政治、经济、社会及人文环境全面深化改革，是为建设创新型国家奠定一切必要基础环境与人文条件的准备启动时期。在这一时代，中国必须通过实施创新驱动发展战略的落实执行，紧紧围绕促进科技成果转化行业全面发展，真抓实干出实效，为实现建党一百年中国梦而努力。重点在科技成果转化行业人才培养与公民素质提高。全国不同区域或不同专业领域，都应举全部国家与民间资源之力，塑造培养集社会精英与民族英雄气质能力和胸怀志向于一身的科技企业家，进而发挥科技企业家引领示范作用，从产业技术到从业者以点带面，逐步使科技企业家实现中国梦的思维模式与行为规范法则，普及成为科技企业家时代应有的全民精神气质与时代风貌，极大提升全民科技创新基本素质与职业素养及专业技能水平。中国实实在在拥有第四次工业革命的后发优势。公民普遍拥有复兴中华文化、强盛祖国的国家使命感及民族荣誉感以及高素质的全民创新意识和能力。政治上有科学先进的国家治理体制。行业上有职业化与专业化有效运行的科技成果转化系统。

按时按质按量完成国家、区域、企业、个人的"十三五"发展规划任务目标。中国通过国家、区域与企业"十三五"规划执行，使科技成果转化行业从业者的科技企业家精神、理念与职业素质能力、专业技能水平均达成高起点职业生涯规划要求。科技企业家真正成为社会精英与民族英雄。科学、有效、真实、全面地完成了互联网+行动及中国制造 2025、国家战略性新兴产业、PPP 模式的公共产品与公共服务等重大国家战略规划目标任务。全面准备好了建设创新型国家的法律制度与经济、社会与人文环境条件。特别是全民创新意识能力与科技成果转化行业职业人员与专业人才培育到位。"大众创业、万众创新"活动营造成功。企业科技成果转化与经营管理具有良好的平台与内外资源条件。

2020 年，"准科技企业家时代"结束后，中国应呈现创新型国家建设高潮蓄势待发、中华民族全面腾飞之势。国家政策定义与战略规划的"准科技企业家时代"得以大步迈向真切现实的国强民富已发展的科技企业家时代。中华民族复兴强大的希望之光普照神州大地，科技企业家阳光雨露中茁壮成长的明媚春天真正来了。

（四）科技企业家时代

中国在科技企业家时代的主要战略任务是从 2020 年起，再用六个五年规划时间，使中国跨入世界先进富强国家行列，实现建国一百年的中国梦。科技企业家时代科技成果转化成现实生产力，即科技进步对社会经济发展的推动力整体居世界发达国家标准，科技成果转化行业发展水平位居世界前列。高科技产业和高新技术部分领域，后来者居上或抢先一步成为该行业领域标准制定者。涌现出一大批技能具世界领先水平、素养具中华民族文化内涵、行为具中国好人规范、道德具社会主义特色的社会精英和民族英雄式的杰出科技企业家。全民创新意识能力普及达标，已形成科技创新是国民经济发展核心动力的全民共识与行动。科技成果转化行业成为中国发展壮大的主体核心基础产业。中国经过"十三五"创新型国家建设准备和"十四五"乃至更多时间智能化、信息化工业革命后，实现科技成果转化行整体系统科学合理、顺畅高效；科技成果转化行业职业化与专业化水平居世界先进行列；国家、社会与公民三个层面都全面实现了"二十四字"社会主义核心价值观，国家发展、社会形态与国民素质普遍达到社会主义核心价值观要求；实景经济互联网线上线下融合，形成人类虚拟与真实两位一体的实景空间成型普及；国计民生新常态行业的信息化、智能化产业发展模式与实景经济信息社会人类生存发展新形态出现；人类社会第一次，不是靠生物进化，而是因高度智能化、信息化的科技进步进入新纪元、新时代。科技企业家人群，既是这个时代实现科技进步，推动社会发展的科技成果转化行业从业者的先进代表，也是这个时代社会经济良好有序发展，人类人伦道德与文明秩序的维护守望者，极大地影响着未来时代人类社会发展的状况和走向。国家政策定义与战略规划以及笔者憧憬并一生为之努力的科技企业家时代蓝图美景得以全面实现。

五、科技企业家时代的科技成果转化相关政策解读

我们对科技企业家时代的科技成果转化相关政策进行解读有以下三大意义：

第一，这是每一位科技成果转化行业职业人员或专业人士都应了解具备的基本素质技能。每一项职业或专业工作都离不开对所处环境因素的了解分析。对本职业或本专业国家相关政策措施有比较透彻全面的了解和掌握，是每一位职业人员和专业人士起码的素质能力和技能要求。由上述科技企业家时代概念定义与阶段性划分，可以清楚明白，科技企业家的春天与国家民族振兴的时代机遇，源于全球科技经济及产业发展的必然，在中国更多的产生于党和政府本着创新驱动发展战略决策思维，遵循社会发展的包容性规律、经济发展的科学规律以及自然发展的可持续规律，与时俱进制定和实施的一系列国家政策与战略规划。我们对科技成果转化相关政策解读，有助我们更好地认识即将身处的时代发展优势，掌握时代发展规律，做好本职工作。

第二，这是科技成果转化行业从业者做好科技成果转化工作，担当合格从业者的基本要求。科技成果转化政策环境子系统和宏观调控子系统是由科技成果转化系统政治、法律、管理、制度等环境因素构成。更重要的是，在中国特色社会主义市场经济发展优势下，科技成果转化政策环境子系统与宏观调控子系统，不

仅决定着科技成果转化支持子系统公共资源的支配管理，而且对科技成果转化主体子系统从企业科技成果转化与经营管理全方位、全过程、全要素，都起着国家治理与市场培育调控作用，对科技成果转化其他子系统，主系统建设运行都有突出的意义与作用。只有通过对科技成果转化相关政策进行疏理解读，才能让科技成果转化行业从业者清楚理解认识并树立和践行实现国家任务、职业理想和个人愿景"三合一"中国梦的思维理念和行为规范模式，成为当代合格科技成果转化行业从业者。"十三五"规划开局之年，创新创业者及中小微科技企业科技企业家们，在熟悉清楚自身如何得到国家政策与战略规划认同的基础上，主动有针对性地以同盟者的心态和行为与政府职能主管部门工作人员进行政策执行交流，获得国家智慧与公共资源及战略引领的促进和支持，更加意义重大、需求迫切。

第三，这是科技企业家科学先进、合法有效认识时代背景，把握树立时代精神实质和思想境界，拥有科学发展观，做好先锋模范的需要。科技企业家时代本身就是由国家政策定义与国家战略规划出来的未来时代。科技企业家本身就是国家认可的时代先进人物，引领着行业发展与时代风尚，理应具备更高的政治觉悟与政策水平。

科技企业家通过科技成果转化相关政策解读，可以理解掌握国家战略规划的决策任务目标，了解执行相应国家战略规划实施政策、举措及重大活动部署，从而理清把握实施创新驱动发展战略全面深化改革时期党和国家的大政方针与配套实施政策措施。科技企业家必须从国家战略与政策层面深刻理解、认知和把握国家"十三五"社会经济发展规划及一系列重大政策出台实施情况，结合相应的行业战略规划方案研究，才能对国家政治、经济、科技、文化、社会等各行各业发展现状及趋势的政策调控作用与导向影响有所了解，对国家综合整体发展形势与趋势下的政策方向与政策走向有所掌握，这样才有对时事和经济趋势影响行业走向以及自身企业战略规划的因素，有一个科学合理、真实客观的理解研判。这既是科技企业家科学合理制定企业科技成果转化与经营管理"十三五"发展战略规划以及个人职业生涯五年规划设计方案的基本决策基础和基本数据依据，也是适应发展国家政策与战略规划定义的"准科技企业家时代"，实现中国梦理念行为优势发展模式，成为成功的科技企业家必备的政治觉悟与政策水平要求。

我们设定当前及"十三五"时期中国主要有四种主要基本政策线索，组成了中国科技经济发展政策体系。笔者希望科技成果转化行业从业者，以认可、尊重、执行、运用的原则和动机，以此解读党中央和中央政府集国内外顶级专家学者和实践工作者心血，用民主集中制原则，经过广泛听取人民意见，通过国家职能机构制定颁布执行的体现国家意志和人民意愿以及国家治理与公共资源配置功能的国家政策措施（有些以国家法律形式体现出更强的国家意志），从而达到如下目的：其一，掌握国家政策整体有机联系性与逻辑框架性；其二，理清国家政策和战略规划定义的科技企业家时代发展特色与特定规律；其三，清楚国家政策决策、规范、指导的发展核心基调和基本思路及主体框架，特别是产业政策的相关科技、行业领域主导方向与资源支持范围；其四，明确定位自己在国民经济发展中的行业地位与职业发展空间前景，提高自己的政治觉悟与政策意识，坚守相信党、相信政府的信念与行为准则；其五，坚定增强投身上符国策、下合己能，具有"三合一"中国梦实现优势特色，并且为科技企业家时代基础核心产业的科技成果转化行业，成为成功科技企业家的信心；其六，提高运用国家政策，即利用国家智慧进行高起点、高水平、高时效企业科技成果转化与经营管理规划，争取公共资源支持，创造低成本或无成本创新创业机会。

（一）科技成果转化政策体系文件疏理解读

科技成果转化行业形成的政策与法律及实际工作轨迹构建了科技企业家时代的核心基础产业国家政策体系基本内容。促进科技成果转化始终是我国科技体制改革的主攻方向。改革开放之初，党中央、国务院就提出"经济建设必须依靠科学技术、科学技术工作必须面向经济建设"的科技工作基本方针，通过改革财政科技拨款制度，引入竞争机制，调动了科研人员的积极性，推动了科研与生产的结合。20 世纪 90 年代以来，我国实施科教兴国和人才强国战略，作出加强技术创新、发展高科技、实现产业化的决定，促进了高新技术产业的蓬勃发展和国家高新区的迅速成长，并推动了全国 1 300 余所科研院所完成企业化转制。2006 年，我国召开了全国科技大会，党中央、国务院作出提高自主创新能力、建设创新型国家的重大决策，以建设企业为主体的技术创新体系为突破口，开始全面推进国家创新体系建设。2008 年以来，面对国际金融危机的冲击，国家特别强调发挥科技支撑作用，加大科技成果转化力度，促进重点产业振兴和战略性新兴产业的发展。

我们就近期科技成果转化主要政策进行如下疏理及主题解读，为科技企业家掌握了解相关政策内容，提高相关政策水平提供参考：

（1）《中华人民共和国科学技术进步法》—— 1993 年 7 月 2 日第八届全国人民代表大会常务委员会第二次会议修订通过，自 1993 年 10 月 1 日起实施；2007 年 12 月 29 日第十届全国人民代表大会常务委员会第三十一次会议修订通过，由中华人民共和国主席令第 82 号公布，于 2008 年 7 月 1 日起施行。

本法是科技工作的根本大法。本法共八章七十五条。首先，从国家法律层面，开宗明义就明确了科技进步的作用和发挥作用的根本途径以及国家科技工作指导方针；构建了国家创新体系及建设创新型国家的战略目标；表明了国家鼓励科技进步工作的方向、内容、措施、办法等。然后，分章从科学研究和技术开发与科学技术应用、企业技术进步、科学技术研究开发机构、科学技术人员、保障措施、法律责任等方面，规范确立了国家鼓励科技进步及实施科技进步工作的相关法律规定细则与基本法律行为、手段、措施。本法不仅是全体科技工作者应遵循执行的基本法律文件，也是科技成果转化行业从业者在依法治国、依法职业化与专业化开展企业科技成果转化与经营管理时，必须熟悉和掌握的基本法律文件。

（2）《中华人民共和国促进科技成果转化法》——中国目前为止唯一有关科技成果转化最高政策级别的法律文件。

① 1996 年 5 月 15 日，中华人民共和国主席令第 68 号公布由第八届全国人民代表大会常务委员会第十九次会议通过《中华人民共和国促进科技成果转化法》。

本法共六章三十七条内容，分别就科技成果转化法律概念、原则与国家行政管理部门管辖以及科技成果转化组织实施、保障措施、技术权益、法律责任和有效执行期等等科技成果转化问题给予了立法规定。

② 2013 年 12 月 31 日，国务院法制办公室公开发布了《关于〈中华人民共和国促进科技成果转化法（修订草案送审稿）〉公开征求意见的通知》，对《中华人民共和国促进科技成果转化法》全面深入重新修订。

我们期盼并努力使科技成果转化在"十三五"期间，不仅在实际工作中实现行业化与职业化、专业化发展，而且在理论与法律范畴内建立健全科技成果转化学科、行业等学术和法律概念规范。使科技成果转化行业职业化与专业化的理论和实务发展水平，匹配科技企业家时代主体产业与核心战略地位要求。做到与时俱进，真正让科技成果转化从行业规范、理论建设与实务操作等各个方面，都起到建设创新型国家基础核心产业的作用。

③ 2015 年 8 月 29 日，十二届全国人大常委会第十六次会议表决通过了《关于修改中华人民共和国促进科技成果转化法的决定》，同日公布了修改后的《中华人民共和国促进科技成果转化法》。

本法共用五十二个法律条款，规范界定了从总则、组织实施、保障措施、技术权益、法律责任到附则六章促进科技成果转化的内容。

业界普遍认为，新修订的《中华人民共和国促进科技成果转化法》最大的亮点是科技成果转化处置权下放和科研人员奖励、报酬比例提高；明确了职务科技成果和科技成果转化的概念；通过法律强调了科技成果转化应当尊重市场规律，发挥企业在科技成果转化中的主体作用。

（3）1997 年 9 月 12 日至 18 日，党的十五大会议文件赋予了新时期科技进步在经济社会发展中的关键地位。促进科技成果转化工作成为科技经济工作的重中之重。科技成果转化行业国家战略发展核心基础地位的顶层设计与全民行动，渐成国家政策基调和主要内容。

此次大会是在 1997 年 2 月 19 日中国改革开放和现代化建设的总设计师邓小平同志与世长辞，中国共产党第三代中央领导集体带领全国人民把改革开放和社会主义现代化建设推向新阶段的时候，面临社会主义中国举什么旗帜、走什么道路的问题背景下在北京召开的。这次大会的主题是：高举邓小平理论伟大旗帜，把建设有中国特色社会主义事业全面推向 21 世纪。

党的十五大文件明确提出要充分估量未来科学技术特别是高技术发展对综合国力、社会经济结构和人民生活的巨大影响，把加速科技进步放在经济社会发展的关键地位。

（4）1999 年 3 月 30 日，科技部、教育部、人事部、财政部、中国人民银行、国家税务总局、国家工商行政管理局经国务院同意，以国办发〔1999〕29 号文转发了《各部委关于促进科技成果转化若干规定的通知》。

本文件为了鼓励科研机构、高等学校及其科技人员研究开发高新技术，转化科技成果，发展高新技术产业，进一步落实《中华人民共和国科学技术进步法》和《中华人民共和国促进科技成果转化法》，从鼓励高新技术研究开发和成果转化、保障高新技术企业经营自主权和为高新技术成果转化创造环境条件三方面，提出了十一条具体措施，供科技成果转化不同子系统从业者执行或享用。

（5）1999 年 5 月 27 日，财政部与国家税务总局联合以财税字〔1999〕45 号文，发布了《关于促进科技成果转化有关税收政策的通知》。

本通知为贯彻落实《中华人民共和国科学技术进步法》和《中华人民共和国促进科技成果转化法》，鼓励高新技术产业发展，经国务院批准，就科研机构、高等学校研究开发高新技术，转化科技成果有关税收政策进行了公布。这个文件是科技企业家在开展产学研联盟，进行企业科技成果转化与经营管理过程中，学习比对寻找国家税收优惠条件，享受相应国家税务优惠，使其科技成果转化工作得到国家鼓励支持，减免应上缴税收额的政策执行基础性文件。

（6）1999 年 8 月 20 日，中共中央国务院以中发〔1999〕14 号文，发布了《中共中央国务院关于加强技术创新，发展高科技，实现产业化的决定》。

党中央与中央政府在此文明中确赋予了高新技术及其产业无比重大核心发展地位，提出在以经济实力、国防实力和民族凝聚力为主要内容的日趋激烈的综合国力竞争中，能否在高新技术及其产业领域占据一席之地已经成为竞争的焦点，成为维护国家主权和经济安全的命脉所在。党中央和中央政府作出了通过深化改革，从根本上形成有利于科技成果转化的体制和机制，加强技术创新，发展高科技，实现产业化的决定，并就如何"加强技术创新，发展高科技，实现产业化，推动社会生 产力跨越式发展""深化体制改革，促进技术创新和高新科技成果商品化、产业化""采取有效措施，营造有利于技术创新和发展高科技、实现产业化的政策环境"等一系列措施行动，进行了详细部署与概念政策解释。此文件是我们从事科技成果转化最重要的初期基础政策依据和实务工作方向指南。

（7）2002 年 3 月 5 日，由科技部和财政部共同上报国务院的《关于国家科研计划项目研究成果知识产权管理的若干规定》，经国务院批准并由国务院办公厅以国办发〔2002〕30 号文转发。

本文件是为了贯彻落实《中共中央国务院关于加强技术创新，发展高科技，实现产业化的决定》的精神，促进我国自主知识产权总量的增加，加强科技成果转化，保障国家、单位和个人的合法权益，对以财政资金资助为主的国家科研计划项目（包括科研专项项目）研究成果的知识产权管理，作出的有关规定。本文件明确了国家科研计划项目研究成果的知识产权归属，提出了对国家科研计划项目知识产权管理和保护的要求，为从事科技成果转化行业的国家科研人员或拥有国家科研计划项目的其他科研人家员的职务发明等知识产权管理，提供了规范权威的政策规定。对于促进我国科研计划项目实施中大幅度增加自主知识产权产出量，具有重要的推动作用。

（8）省级实施细则文件或实用（专项）政策文件目录。

① 四川省发布的科技成果转化实施类文件目录。

• 2000 年 1 月 26 日，中共四川省委、四川省人民政府发布《关于加强技术创新，发展高科技，实现产业化的实施意见》（川委发〔2003〕3 号）。

本文件是为了贯彻落实《中共中央国务院关于加强技术创新，发展高科技，实现产业化的决定》的精神，大力实施"科教兴川"战略，促进四川省持续、快速、健康发展和社会全面进步而发布的。本文件就四川省如何实现加强技术创新，发展高科技，实现产业化，推动跨越式发展；怎样深化改革，全面推进技术创新，发展高科技及其产业；采取什么有效措施，营造创新创业良好环境；如何加强领导，开创技术创新，发展高科技，实现产业化的新局面等方面内容，提出了十八项具体实施意见。

• 2001 年 3 月 30 日，四川省第九届人民代表大会常务委员会第二十二次会议通过《四川省促进科技成果转化条例》。

本条例是为了促进科技成果转化为现实生产力，规范科技成果转化活动，加速科学技术进步，推动四川省经济建设和社会发展，根据《中华人民共和国促进科技成果转化法》等有关法律的规定，结合四川省实际制定，共计三十五条内容。

② 四川省科技成果转化实用（专项）文件目录。

• 2010 年 5 月 1 日，四川省科技厅为了推进科技与经济的紧密结合，进一步整合科技资源，提升创新能力，加速成果转化，根据《四川省促进科技成果转化条例》的相关规定，设立四川省科技成果转化项目，特制定《四川省科技成果转化项目管理办法》（试行）。

本办法从科技成果转化项目概念、资金性质及申报原则规范开始，就科技成果转化项目管理、支持范围、项目申报、资金管理、检查验收等方面，用了七章三十条内容全面规定了科技成果转化项目管理办法。

• 2011 年 6 月 29 日，四川省人民政府发布《四川省重大科技成果转化工程实施方案（2011—2015 年）》（川府发〔2011〕20 号）。

本实施方案表明，科技成果转化是促进科技与经济结合，加速高新技术产业化，发展培育战略性新兴产业，推动经济发展方式转变和企业做强做大的重要途径。为加快建设西部科技创新高地，提升四川省科技成果转化力、产业聚集力、市场竞争力和区域带动力，特制定本实施方案。本实施方案就四川省重大科技成果转化工程实施的指导思想、基本思路、总体目标、基本原则、重点任务、工作机制和政策措施七个方面，作出了详尽具体的设定。在实施方案附件里，为切实保证四川省重大科技成果转化工程的实施，进一步明确工作目标，落实任务分工，强化工作职责，务求取得重大实效，根据《四川省重大科技成果转化工程实施方案（2011—2015）》的要求，就四川省重大科技成果转化工程实施所需的组织构架、工作机构、任务分工以及15个科技成果转化专项、7个科技成果转化平台项目，制定了明确详细的分工方案。本实施方案是科技成果转化相关行政主管部门，也是全体科技成果转化行业从业者在2011—2015年应完成和怎么完成这些科技成果转化重大工程项目的任务单和操作指南。

● 2014年12月22日，四川省科技厅法规处发布了《四川省科技厅关于支持企业吸纳科技成果出资入股的通知》（川科发政〔2014〕10号）。

本通知是四川省科技厅为了为深入实施创新驱动发展战略，落实《中共四川省委办公厅、四川省人民政府办公厅关于印发〈培育企业创新主体专项改革方案〉和〈激励科技人员创新创业专项改革方案〉的通知》的精神（川委厅〔2014〕16号），促进科技成果转化，推动经济社会发展，就支持企业吸纳科技成果出资入股相关事宜的通知文件。本通知是所有拥有科研能力，并且已实现科技成果转化的科技成果转化行业从业者，实施创新知识产权运用或开拓新的投身科技成果转化行业方式途径的政策依据。

● 2003年7月20日，四川省科技厅发布了《四川省科技厅关于进一步改进和完善科技成果评价工作的意见》。

本文件从完善四川省科技成果评价体系，规范科技成果评价行为，树立国家科技成果评价的严肃性、权威性和公正性；激励广大科技人员投身于科技进步、技术创新的积极性；进一步改进和完善科技成果评价工作，充分认识做好科技成果评价工作的紧迫性和重要性，加强宏观指导，明确职能定位，正确引导科技成果评价工作；坚持公平、公正、公开的评价原则，规范科技成果评价行为，改进科技奖评审和营造良好的创新环境；加强科技成果管理五个方面提出了具体意见措施。

● 2004年9月27日，四川省科技厅发布了《四川省科技厅关于建立和完善科技成果信息发布制度的意见》。

本文件为进一步促进科技成果转化，加强科技成果研究单位与企业的沟通，实现科技成果信息资源共享，建立和完善四川省科技成果信息发布制度，就如何实行国家科技计划重大成果报告、发布制度以及如何建立四川省科技成果信息发布制度，如何举办科技成果推广会和信息发布会，怎样提高《科技成果公告》的编辑、发行的时效性，以及各市（州）、各部门科技管理机构如何强化科技成果的开发和管理等方面给予了具体要求。特别明确地对四川省生产力促进中心提出了：以四川省生产力促进中心等中介机构为依托，整合科技成果信息资源。把四川省生产力促进中心网站（www.scppc.org）、四川省科技情报所"中国西部技术市场网站"（www.cnsstm.com）、成都技术产权交易所网站（www.ccdtse.com）等网站与国家科技情报中心网站和同行业网站相链接，构建信息共享平台。实际上，通过这个文件表明，早在2004年，四川省科技厅就正式下达赋予了四川省生产力促进中心牵头构建四川省科技成果信息共享平台的国家任务与工作职责。

③ 高新技术企业或高新技术产业政策指导及管理文件目录。

我国在社会经济发展国家战略制定实施和科技理论建设与实际工作中，以高新技术企业区别于传统企业，明确规定了执行创新驱动发展战略建设创新型国家的重点支持和扶持企业对象。当前，高新技术企业不仅肩负着调整国民经济产业结构与方向的重任，也是科技成果转化行业从业者拥有的企业科技成果转化与经营管理规范平台形式。高新技术企业在国家政策和战略规划以及学术实务工作中都自成一体，形成了专门概念、领域和政策体系。本书将国家发布的尚有时效的高新技术企业法律法规、制度政策专列于此，供读者参阅。希望读者学习掌握其政策框架，准确熟练运用政策申报高新技术企业资格。不仅充分享受国家高新技术企业的优惠政策与国家资源倾斜支持，还以国家高新技术企业标准要求提升企业管理水平能力，做到更好的创新驱动发展引领作用。

● 2010 年 7 月 9 号，国家科技部"火炬中心"发布了《关于印发〈国家火炬计划重点高新技术企业管理办法〉的通知》（国科火字〔2010〕179 号）。

本通知下发对象为各省、自治区、直辖市和计划单列市科技厅（委、局）。本通知是根据新时期高新技术产业化和环境建设的需要，为更好地开展国家火炬计划重点高新技术企业相关工作，在广泛征求意见的基础上，科技部火炬中心对原《国家火炬计划重点高新技术企业认定条件与管理办法》的修订文件。这是科技企业家争取国家政策优惠与资源支持，做好项目申报与具体协调配合工作的操作手册之一。

● 2012 年 6 月 12 日，四川省人民政府办公厅发布了《四川省人民政府办公厅关于加快发展高技术服务业的实施意见》（川办发〔2012〕36 号）。

本实施意见是为了贯彻落实《国务院办公厅关于加快发展高技术服务业的指导意见》（国办发〔2011〕58 号），经四川省政府领导同志同意，就加快发展四川省高技术服务业提出的政府工作意见。其中，通过认真贯彻《国务院关于加快培育和发展战略性新兴产业的决定》（国发〔2010〕32 号）、《国务院关于加快发展服务业的若干意见》（国发〔2007〕7 号）和《国务院办公厅关于加快发展高技术服务业的指导意见》，根据高技术服务业的特征，结合四川省特色优势和市场需求，提出了以成都（国家）高技术服务产业基地为核心区，成都、德阳、绵阳、眉山、乐山、资阳、遂宁等市为扩展区，辐射带动四川省高技术服务业发展的战略部署。本实施意见明确指出建立健全体制机制，依托成都（国家）高技术服务产业基地、国家软件产业基地建设，大力提升自主创新能力，加快成都（国家）创新型城市建设的重点发展或大力发展高技术服务细分行业八大业态具体名单，即重点发展信息技术服务业、数字内容服务业、电子商务服务业和生物技术服务业，大力发展研发设计服务业、知识产权服务业、检验检测服务业和科技成果转化服务业。本实施意见不仅为四川省加快发展高技术服务业提出了指导思想和发展目标、重点任务、保障措施，更实际有效地为创新型国家建设者指明了行业发展形态方向，为科技成果转化行业从业者提供了行业优化选择依据。

- 2007 年 4 月 30 日，四川省人民政府发布了《四川省关于加强自主创新促进高新技术产业发展若干政策》（川府发〔2007〕23 号）。

本文件是为实施《四川省中长期科学和技术发展规划纲要（2006—2020年)》，推动企业成为自主创新主体，促进高新技术产业加快发展，制定并重申的若干政策。本文件从如何培育壮大高新技术产品，怎样支持建设创新型企业，如何促进高新技术产业园区（基地）发展，怎样促进高新技术成果产业化，如何实施高新技术产品认定、采购制度，怎么加快高新技术人才队伍建设，如何创造和保护知识产权以及怎么实施生产要素配置政策八个方面，提出了促进高新技术产业发展的一系列政策措施。本文件既是四川省各级国家科技行政管理部门促进高新技术发展的基础性文件，也是高新技术企业本身工作者即科技成果转化行业从业者发展规划与实际工作方向指南。

- 2008 年 4 月 14 日，科技部、财政部与国家税务总局联合发布《关于印发〈高新技术企业认定管理办法〉的通知》（国科火字〔2008〕172 号）。

本通知指出："根据《中华人民共和国企业所得税法》《中华人民共和国企业所得税法实施条例》的有关规定，经国务院批准，现将《高新技术企业认定管理办法》及其附件《国家重点支持的高新技术领域》印发给你们，请遵照执行。"《高新技术企业认定管理办法》开宗明义就制定依据、高新技术企业定义、认定管理原则、税收优惠政策及此项工作全国指导、管理和监督机关给予了明确规定，然后制定规范了高新技术企业认定的组织与实验、条件与程序、罚则及附则共五章二十条管理办法。同时，本通知公布了《国家重点支持的高新技术领域》。此名单公布的国家重点支持的高新技术领域共有电子信息技术、生物与新医药技术、航空航天技术、新材料技术、高技术服务业、新能源及节能技术、资源与环境技术和高新技术改造传统产业八大领域及相应科研细分方向与重点项目。这不仅应是从事高新技术企业认定工作的国家行政管理人员与面向市场从事此项工作中介服务的服务人员必须应知应会的工作技能知识，而且也应是科技成果转化行业从业者本身应该掌握的实用性政策。科技成果转化行业从业者可以通过了解掌握国家《高新技术企业认定管理办法》，积极主动申报并因此享受国家此项税收优惠。科技成果转化行业从业者还可以通过与时俱进跟踪掌握国家支持鼓励的高新技术发展领域，特别是不断适时了解掌握各个领域里的重点方向与项目发展变化动态，可以随着国家研究成果与战略规划水平的提高，利用国家智慧与公共资源更好地寻找修正自己的科研产业发展方向，科学有效地定位发展自己的企业科技成果转化与经营管理发展规划。

- 2008 年 7 月 9 日，科技部、财政部和国家税务总局发布了《关于印发〈高新技术企业认定管理工作指引〉的通知》（国科火字〔2008〕362 号）。

本文件是为了贯彻执行《高新技术企业认定管理办法》及《国家重点支持的高新技术领域》，确保认定管理工作高效、规范，根据《高新技术企业认定管理办法》第十九条的规定，为明确高新技术企业认定管理工作中各相关单位的职责，确定企业研究开发活动及费用归集标准，明晰各指标内涵及其测度方法，确保认定管理工作规范、高效地开展，特别制定的《高新技术企业认定管理工作指引》。本文件供各相关单位依据《高新技术企业认定管理办法》《国家重点支持的高新技术领域》开展高新技术企业认定管理工作，也是科技成果转化行业从业者申报高新技术企业的申报操作手册。

● 2008 年 12 月 3 日，四川省科技厅、四川省财政厅、四川省地税局、四川省国税局、人民银行成都分行、四川银监局、四川证监局、四川保监局联合发布《关于促进高新技术产业发展的投融资政策与服务若干意见》。

本文件是鉴于大力发展高新技术产业是建设科技创新产业化基地的核心，是推进四川省加快发展、科学发展、又好又快发展的重要举措，为进一步推动各类创新要素尤其是资本要素向高新技术企业聚集，按照高新技术企业创业期、成长期、扩张期、成熟期不同特征，就探索建立科技与金融良性互动机制，完善科技投融资服务政策，支持高新技术产业做大做强提出的政策意见。本文件从如何建立创业投资（风险投资）机制，加大对高新技术产业投入；怎么鼓励银行和保险等金融机构和担保机构支持高新技术产业发展；怎样支持高新技术企业多渠道融资；如何优化高新技术产业金融投资环境与服务四方面展开，提出了促进高新技术产业发展的投融资政策与服务若干意见。本文件是从事科技金融的风险投资公司和中介机构的业务法宝，也是科技成果转化行业从业者进行企业科技成果转化与经营管理，获取公私资金资源的渠道指南和业务操作手册。

④ 技术转移业务文件目录。

技术转移业务作为以生产力促进中心系统为代表的专业科技成果转化服务商主营业务，而在本书"科技企业家之盟"主题中全面总体介绍了，不再赘述。在此仅就技术市场、技术转移机构与技术合同以及专利技术转移、知识产权战略、科技中介和高新技术产业金融等政策支持管理文件，整理归纳出技术转移业务类政策文件目录，以此进行相关归类与介绍解读，供科技成果转化行业从业者开展相关业务时参考。

第一，技术合同认定登记管理文件集。

● 1999 年 3 月 15 日，第九届全国人民代表大会第二次会议通过《中华人民共和国合同法》，自 1999 年 10 月 1 日起施行。

本法是为了保护合同当事人的合法权益，维护社会经济秩序，促进社会主义现代化建设而制定的。该法分别就合同法一般规定、合同的订立、合同的效力、合同的履行、合同的变更和转让、合同的权利义务终止及违约责任给出了法律规定；就买卖合同，供用电、水、气、热力合同，赠予合同，借款合同，租赁合同，融资租赁合同，承揽合同，建设工程合同，运输合同，技术合同，保管合同，仓储合同，委托合同，行纪合同和居间合同等不同合同形式给予了法律规范。本法共计四百二十八条法律条款，供不同签订合同者遵照执行。这也是当今法治国家经济建设一个重要规范的经济科技行为方式。每一位科技成果转化行业从业者都应具有相当程度的合同意识与合同法律观念知识，依法依规、合情合理、正正当当、白纸黑字地从事企业科技成果转化与经营管理。

　　● 2000 年，科技部、财政部与国家税务总局联合下发了由科技部具体管理施行的《技术合同认定登记管理办法》。

　　本办法是为了规范技术合同认定登记工作，加强技术市场管理，保障国家有关促进科技成果转化政策的贯彻落实而制定的。本办法就技术合同认定登记的意义、作用及政策性体现内容作了强制性规定；就开展技术合同认定登记的主管部门与业务机构，还有技术合同认定登记范围、标准与程序作了具体规定；确立了技术合同认定登记的政策基础与业务开展基本依据和操作规范。本办法既是技术合同认定登记机构的基本工作文件，也是科技成果转化行业从业者进行技术合同认定登记，享受国家政策优惠与公共资源支持的政策法宝。

　　● 2001 年 7 月 18 日，科技部、财政部与国家税务总局联合发布了由科技部具体管理施行的《技术合同认定规则》。

　　本规则是为了推动技术创新，加速科技成果转化，保障国家有关促进科技成果转化法律法规和政策的实施，加强技术市场管理，根据《中华人民共和国合同法》及科技部、财政部、国家税务总局《技术合同认定登记管理办法》制定的。本规则用首先对技术合同认定及其登记事项一些基本概念和程序作了一般性规定；然后分别具体对技术开发合同、技术转让合同、技术咨询合同、技术服务合同、技术培训合同和技术中介合同的概念及认定条件与标准作出了规定；最后对核定技术性收入作了专项规定。这不仅是作为技术登记机构权威规范统一的技术合同登记业务操作规则，而且也是科技成果转化行业从业者办理技术合同登记的主要业务文件之一。

　　● 2010 年，网上发布了《技术合同认定登记程序》。

　　本程序虽然没有政策权威性，更没有法律规范性，但通过对技术合同受理登记申请、审查认定、办理登记、核定技术性收入以及其变更、注销与撤销登记全过程流程的阐述说明，足以让科技成果转化行业从业者对技术合同认定登记事务有一个清楚明白的了解和掌握。有利于科技成果转化行业从业者更好、更顺利、更有效地办理好技术合同认定登记。科技成果转化行业从业者应充分认识技术合同认定登记的实际意义作用，将此项工作不仅仅作为享受国家政策优惠与公共资源支持的基础性工作与前提条件，而且也视同为自己依法从事企业科技成果转化与经营管理，拥有法律保护意识的规范、正确、有效的技术交易市场行为。

　　第二，专利技术交易管理政策文件集。

　　● 2008 年 12 月 27 日，中华人民共和国第十一届全国人民代表大会常务委员会第六次会议通过《全国人民代表大会常务委员会关于修改〈中华人民共和国专利法〉的决定》。修改后的《中华人民共和国专利法》自 2009 年 10 月 1 日起施行。

　　本法至今经历三次修正。首先，于 1984 年 3 月 12 日第六届全国人民代表大会常务委员会第四次会议通过；其次，根据 1992 年 9 月 4 日第七届全国人民代表大会常务委员会第二十七次会议《关于修改〈中华人民共和国专利法〉的决定》第一次修正；再次，根据 2000 年 8 月 25 日第九届全国人民代表大会常务委员会第十七次会议《关于修改〈中华人民共和国专利法〉的决定》第二次修正；最后，根据 2008 年 12 月 27 日第十一届全国人民代表大会常务委员会第六次会议《关于修改〈中华人民共和国专利法〉的决定》第三次修正。

本法是为了保护专利权人的合法权益，鼓励发明创造，推动发明创造的应用，提高创新能力，促进科学技术进步和经济社会发展而制定的。本法共计八章七十五条法律条款。首先，就发明创造、职务或非职务发明等专利法概念进行法律定义，并且就专利工作主管部门及专利申请权等一般法律内容进行规定；然后，分别就授予专利权的条件、专利的申请、专利申请的审查和批准、专利权的期限、终止和无效、专利实施的强制许可和专利权的保护等专利申报、批准与保护运用全过程作出了法律规定。本法使专利行为成为一个完整彻底的法律行为，受到法律规范保护。本法是科技成果转化从业者最基本必备的技术转移业务操作法律手册。

• 2001 年 12 月 17 日，国家知识产权局局长令第 18 号发布了《专利实施许可合同备案管理办法》。

本办法是为了切实保护专利权、规范交易行为、促进专利实施，根据《中华人民共和国合同法》《中华人民共和国专利法》《中华人民共和国专利法实施细则》和相关法律、法规制定。本办法明确规定了当事人应当自专利合同生效之日起 3 个月内，必须到经国家知识产权局授权，各省、自治区、直辖市管理专利工作的部门（简称地方备案部门）办理备案手续的法定行为程序。本办法是每个科技成果转化行业从业者进行专利实施许可行为时，必须遵循办理的法定手续。

• 2004 年 11 月 12 日，国家某一自治区政府发布了了《企事业单位专利工作管理制度制定指南》。

本指南是该自治区政府根据国家知识产权局和原国家经济贸易委员会《关于开展全国企事业专利试点工作的通知》和《企事业单位专利工作管理办法（试行）》的精神，结合该自治区企事业单位制定专利工作规章制度和运用专利及专利制度特性和功能的现状，为促进该区企事业单位尽快适应加入世界贸易组织后的形势需要，提高运用专利及专利制度的能力和水平，指导制定符合本单位特点的专利工作规章制度而制定的。本指南为科技成果转化从业者制定本单位专利工作管理制度提供了基本框架内容和具体范本。

• 2010 年 10 月 1 日，四川省知识产权局发布了《四川省专利申请资助资金管理办法》。

本办法是根据国家知识产权局《关于专利申请资助工作的指导意见》，结合四川省实际情况，为促进四川省自主创新成果知识产权化，鼓励发明创造和申请专利的积极性，提高四川省专利申请的质量和数量，而特设立的四川省专利申请资助资金的申请管理制定的。本办法对资助资金的管理与使用、资助原则、资助对象、资助范围、资助内容、资助年度、资助标准以及资助的受理、审批与领取时间，申请资助应提交的材料、资助的委托办理等各项事务手续程序都作出了全面具体的规定。本办法既是国家政府常规通用的政策手段与公共资源使用的重要途径，也是科技成果转化行业从业者争取政府资金支持的常规重要渠道之一。

不过，正因为本办法是一种常规政策手段体现，所以随着时间推移必然在项目名称、形式、内容、对象、范围、渠道等方面都会出现与时俱进的改变。正因为如此，本书对诸如《四川省省级专利实施专项资金管理暂行办法》相类似的专项支持资金办法就不再收集。中国正处全面深化改革时期与"十三五"规划开局之年，仅已出台的中央财政科技计划（专项、基金等）管理改革，就使现行的政府资金支持促进科技成果转化的形式、渠道和内容都发生了翻天覆地的变化。这就要求每位科技成果转化行业从业者都需运用人头管理理论，跟政府职能部门工作人员结成科技成果转化行业从业者同盟军。双方都用实现"三合一"中国梦的理念思维模式，共同面对适应和执行全面深化改革的各项政策措施。在实际工作与体制改革中，双方都用"以人为本"的理念方法，而不是"缘木求鱼"，被时代发展与社会进步及国家改革巨大变化冲昏头脑，反而不知所措，失去了继承创新的时代发展机遇。

• 由四川省人民政府发布，责令四川省知识产权局具体实施负责，出台了有效期为 2013 年 5 月 13 日至 2018 年 5 月 13 日的《四川省专利实施与产业化激励办法》。

本办法为了推动四川省专利实施与产业化，建立专利转化运用激励机制，促进专利技术更好地转化为现实生产力，加快四川省经济发展方式转变，促进工业强省和创新型四川建设，根据《四川省专利保护条例》和《四川省知识产权战略纲要》制定。本办法以四川省人民政府名义设立了"四川省专利实施与产业化奖"，并就奖项与申报、评审事项作出了具体安排规定。本办法是四川省对科技成果转化行业从业者在专利实施与产业化方面最高政府级别奖项。广大科技成果转化行业从业者对本奖项一年一次获奖机会的争取，不仅仅看重的是经济奖赏，更是珍惜相应获得的政治荣誉和专业声望。

第三，知识产权保护管理及战略运行政策文件集。

• 2003 年 4 月 4 日，科技部发布了《关于加强国家科技计划知识产权管理工作的规定》（国科发政字〔2003〕94 号）。

本规定为加快实施专利战略，进一步加强国家科技计划的知识产权管理工作，充分发挥知识产权制度对国家科技计划的引导、保障和激励作用，切实提高我国自主知识产权的总量，促进国家科技计划项目在高起点上创新，实现技术跨越发展，科技部研究制定并发布的。本规定对各级国家科技行政主管部门在国家科技计划项目管理全过程中，如何加强落实知识产权管理工作作出了全面具体的规定。本规定不仅是国家工作人员进行知识产权管理的政策依据，也是科技成果转化行业从业者在申报研究国家科技计划项目时，如何加强知识产权运用保护的操作指南。

● 2014 年 10 月 8 日，国家知识产权局发布了《国家知识产权局关于知识产权支持小微企业发展的若干意见》。

本意见是为贯彻落实《中共中央关于全面深化改革若干重大问题的决定》《国务院关于进一步支持小型微型企业健康发展的意见》（国发〔2012〕14 号）精神，深入实施国家知识产权战略，切实做好《国家中长期人才发展规划纲要（2010—2020 年）》中实施知识产权保护政策相关工作，激发小微企业〔指《中小企业划型标准规定》（工信部联企业〔2011〕300 号〕中的小型、微型企业）创造活力，全力支持小微企业创业创新发展提出的意见。本意见从如何扶持小微企业创新发展、怎么完善小微企业知识产权社会化服务、怎样提高小微企业知识产权运用能力和怎么优化小微企业知识产权发展环境等方面提出了具体可行、真抓实干的促进政策措施和行政执法手段。本意见是科技成果转化行业从业者创新创业初创期知识产权运营的方向和方法指南。

● 2009 年 6 月 9 日，四川省知识产权局发布了《四川省知识产权战略纲要（2009—2020 年）》。

本纲要是为贯彻落实科学发展观，提升四川省知识产权创造、运用、保护和管理能力，促进工业强省和创新型四川建设，实现全面建设小康社会目标，根据《国家知识产权战略纲要》总体部署，结合四川省实际制定的。

本纲要首先对知识产权制度的意义及四川省知识产权发展现状、问题以及知识产权战略的作用进行了阐述；其次，指明了实施知识产权战略纲要的指导思想与基本原则；然后，不仅就四川省 2009—2020 年知识产权战略总体目标进行了决策，还分别就专利、商标、著作权、植物新品种、商业秘密、特定领域知识产权等具体目标制定了至 2014 年计划；再次，就如何推动知识产权创造、怎样促进知识产权运用、如何加强知识产权保护、怎么强化知识产权管理、如何培育知识产权文化等战略重点以及专利、商标、著作权、植物新品种、商业秘密、特定领域知识产权、国防知识产权和技术标准中的知识产权等专项任务作了战略规划；最后，提出了加强知识产权法规政策建设、加强知识产权宣传普及、鼓励知识产权创造和运用、提高知识产权保护能力、提高企事业单位知识产权工作能力、加强园区知识产权工作、促进区域知识产权发展、加强知识产权行政管理、发展知识产权中介服务、加强知识产权人才队伍建设和扩大知识产权对外交流合作等十二项战略措施以及加强组织领导、加大资金投入和加强统筹协调三项组织保障措施。本纲要是四川省所有知识产权服务业和科技成果转化行业从业者的区域行业发展战略规划，指导着四川省知识产权服务业现在到 2020 年的具体业务发展计划任务的制定与操作方向和目标。

● 2015 年 2 月 9 日，四川省知识产权工作领导小组发布了《2015 年四川省知识产权战略纲要实施推进计划》（川知领〔2015〕3 号）。

本文件是根据《四川省知识产权战略纲要》，结合各成员单位和特邀成员单位年度知识产权战略推进工作重点，制定的 2015 年四川省知识产权战略实施推进计划。本文件分别就实施四川省知识产权战略纲要的国家行政管理部门负责单位（包括自己）即四川省知识产权工作领导小组办公室、四川省发展改革委员会、四川省经济和信息化委员会、四川省教育厅、四川省科技厅、四川省公安厅、四川省司法厅、四川省财政厅、四川省人力资源社会保障厅、四川省农业厅、四川省商务厅、四川省文化厅、四川省外侨办、四川省国资委、四川省工商局、四川省质监局、成都海关、四川检验检疫局、四川省委宣传部、四川省法院和四川省检察院等二十七家国家职能管理部门进行了 103 项具体任务分解落实，一一明确了其要完成的各项任务目标。这不仅是政府真抓实干、求真务实的管理作风的体现，也是科技成果转化行业从业者从事企业科技成果转化与经营管理，进行知识产权战略运营时，运用人头管理理论，寻找同创共享"三合一"实现知识产权战略的业务归口管理部门以及"三合一"实施知识产权战略纲要不同组织成员，实现一对一人头对接协同执行，真实具体明确到人头，落实完成知识产权战略纲要任务目标的同盟人员联络单。

第四，技术市场类政策集。

● 2005 年 4 月 6 日，四川省第十届人民代表大会常务委员会第十四次会议通过《四川省技术市场条例》；2009 年 3 月 27 日，四川省第十一届人民代表大会常务委员会第八次会议《关于修改〈四川省技术市场条例〉的决定》修正，重新颁发了《四川省技术市场条例》。

本条例是为了规范技术交易行为，繁荣技术市场，保障技术交易人的合法权益，促进科技成果转化，促进技术进步和经济发展，根据国家有关法律、法规，结合四川省实际制定的。本条例共计二十条，对技术市场的主体及其技术市场行为、事项进行了地方性法律规定。本条例是科技成果转化行业从业者技术市场行为的法律规范。

● 2000 年 5 月 22 日，四川省科技厅与四川省地方税务局联合发布了《关于贯彻落实促进技术市场发展税收优惠政策的通知》（川科市〔2000〕3 号）。

本文件是为了贯彻落实财政部、国家税务总局《关于贯彻落实〈中共中央国务院关于加强技术创新，发展高科技，实现产业化的决定〉有关税收问题的通知》（财税字〔1999〕273 号）、《中共四川省委、四川省人民政府关于加强技术创新、发展高科技、实现产业化的实施意见》（川委发〔2000〕3 号）的精神，进一步培育、发展技术市场，鼓励技术创新，促进科技成果转化，切实有效地贯彻实施国家有关技术交易方面的优惠政策，对免税范围、合同登记及免税审批程序等有关具体问题作出的规定。本文件是科技成果转化行业从业者具有免税资格后，享受国家税收优惠的政策依据。

第五，生产力促进中心系统成为科技成果转化专业服务商的实用政策文件集。

• 2007 年 9 月 10 日，科技部研究制订了《国家技术转移示范机构管理办法》。

本办法是为了贯彻落实《国家中长期科学和技术发展规划纲要（2006—2020 年)》，配合国家技术转移促进行动的实施，开展技术转移示范工作，推进科技进步和自主创新，加速我国的知识流动和技术转移，促进技术转移机构的健康发展，规范技术转移机构的管理，根据国家有关法律、法规和政策制定的。本办法共有五章十九条。首先，对技术转移、技术转移机构的概念和性质作用以及宏观管理与业务指导部门进行了明确界定；其次，对技术转移机构主要功能与业务范围、国家技术转移示范机构的评定和管理以及对其扶持与促进等工作内容都进行了明确具体的规定。笔者供职的四川省生产力促进中心已先后获得省级或国家级技术转移示范机构资质称号。本办法应当成为发挥技术转移示范机构功能作用，开展相应技术转移业务，争取国家公共资源支持促进的机构管理与业务运行基础性政策文件。同时，本办法也为四川省生产力促进中心顺应中央财政科技计划（专项、基金等）管理改革，转轨变形成为执行中央财政科技计划（专项、基金等）管理专门机构，打下了坚实基础。本办法充分体现了四川省生产力促进中心为代表的全国生产力促进中心系统继承创新执行中央财政科技计划（专项、基金等）管理改革政策的延续性、有效性及执行力，使生产力促进中心系统转制成为执行中央财政科技计划（专项、基金等）管理专门机构，具有天时地利人和的天然政策和业务优势。

• 2004 年 11 月 30 日，国家知识产权局发布了《促进技术创新城市专利试点工作导则》（修订）。

本导则是为指导城市专利试点工作的顺利开展而制订的。因为专利以及知识产权工作对于促进技术创新具有不可替代的重要作用，党中央、国务院在《关于加强技术创新，发展高科技，实现产业化的决定》中对发挥专利以及知识产权工作在促进技术创新中的作用提出了明确要求。同时，城市是企业、技术、人才密集地区，也是技术创新基地和专利以及知识产权的主要产生地，围绕促进技术创新开展城市专利试点工作，既有必要，也有条件，而且有极大的紧迫性。因此，国家知识产权局决定开展围绕促进技术创新的城市专利试点工作。本导则不仅对技术创新城市专利试点工作的总体目标、评价指标、主要方法进行了具体表述，而且还从专利产权管理、专利技术产业化、专利信息利用、专利战略研究与制定、专利保护、专利中介服务、业务培训、研讨与交流、扶持和奖励、组织、领导、检查与考核等方面，就如何开展促进技术创新城市专利试点工作这些基本内容提出了明确意见。本导则成为科技成果转化行业从业者区域科技经济环境融合适应的一条政府路径，也是科技成果转化专业服务商区域服务方案制订的政策依据之一。

• 2015 年 1 月 16 日，四川省知识产权局、四川省发展与改革委员会、四川省科学技术厅、四川省财政厅、四川省农业厅、四川省商务厅、四川省国家税务局、四川省地方税务局、四川省工商行政管理局、四川省质量技术监督局、四川省版权局和四川省林业局等十二局委联合发布了《关于加快培育和发展知识产权服务业的实施意见》（川知发〔2015〕8号）。

本文件开宗明义说明知识产权服务业是提供各类知识产权"获权—用权—维权"相关服务及衍生服务，促进智力成果权利化、商用化、产业化的新型服务业，是现代服务业的重要内容，是高技术服务业发展的重点领域。

本文件是为了适应伴随着知识产权事业的发展，四川省知识产权服务业快速发展，服务机构日益壮大，服务产品不断丰富，服务质量和能力稳步提升形势；改善总体上四川省知识产权服务业在发展初期存在的市场主体发育不健全、高端服务业态较少、缺乏知名品牌、复合型人才缺乏等问题；加快发展知识产权服务业而发布的。本文件的发布有利于促进知识产权事业发展，有利于提高产业核心竞争力、促进经济结构调整和经济发展方式转变，并对提升自主创新的效能与水平，促进经济提质增效升级具有重要意义。本文件是国务院《关于加快科技服务业发展的若干意见》（国发〔2014〕49号）、国家知识产权局等九部委《关于加快培育和发展知识产权服务业的指导意见》（国知发规〔2012〕110号）和《四川省科技服务业发展工作推进方案》（川办发〔2014〕90号）的贯彻落实文件。

本文件从如何培育知识产权服务市场、怎样搭建知识产权公共服务平台、如何培育优质知识产权服务机构、怎样加强知识产权服务人才培养、如何加强对知识产权服务业的监督和管理以及怎么优化知识产权服务环境等方面提出了具体详尽的加快培育和发展知识产权服务业的实施意见。本文件是以四川省生产力促进中心为代表的科技成果转化专业服务商，制定业务发展战略，特别是拓展运行知识产权服务业务的规划依据与方案基础。

● 1999年11月16日，科技部、国家计委、国家经贸委、财政部、人民银行、税务总局、证监会联合发文《关于建立风险投资机制的若干意见》。

本文件是为贯彻《中共中央、国务院关于加强技术创新，发展高科技，实现产业化的决定》（中发〔1999〕14号）中"要培育有利于高新技术产业发展的资本市场，逐步建立风险投资机制"的精神，指导、规范风险投资活动，推动风险投资事业的健康发展，就建立风险投资机制提出的政策意见。本文件首先就建立风险投资机制的意义谈了四点；然后，着重提出了建立风险投资机制的十七项基本原则。文件中，发挥中介机构作用表述及中介机构设立原则，为四川省生产力促进中心发挥科技金融优势，形成促进科技成果转化核心竞争力，与时俱进开展科技金融投融资或中介服务提供了政策可行性与操作方向。

（二）创新驱动发展战略国家决策及实施政策文件归类整理表述

创新驱动发展战略国家决策及其实施，定义了中国"十三五"及更长一个未来社会经济发展以建设创新型国家为基调，以及为建设创新型国家打好一切基础的"准科技企业家时代"特征。当前开展的"互联网+"和"大众创业、万众创新"等全民、全产业性质活动的国家政策总体框架内容与实景经济及"准科技企业家时代"的愿景和概念具有高度同一性。领悟国家创新驱动发展战略，执行其政策措施，是科技成果转化行业从业者同创共享创新型国家建设的科技企业家时代必须执行的国家任务和战略规划方案，也是发挥"三合一"实现"中国梦"的科技企业家优势理念思维模式的必然体现。可以说，国家科技成果转化系列文件的出台，造就了科技企业家的主体行业——科技成果转化行业的形成发展；而且，国家创新驱动发展战略的决策实施，从学术上激活发展了国内外创新理论；从现实发展上定义规划了一个创新型国家及科技企业家时代产生实现的科学正确路径与美好和谐景象；从社会经济形态上指明了未来人类社会新纪元、新时代的生存发展实景经济模式；从时代主体建设者角色演绎上明确了科技成果转化行业者的产生，及其佼佼者同创共享这个未来新时代的社会精英与民族英雄群体——科技企业家们的引领示范价值。

所有有志成为科技企业家的科技成果转化行业从业者，立足现实，展望未来，按从我做起，从现在做起，从本职工作做起的行为准则要求，围绕国家、地方政府与企业自身的"十三五"规划理解掌握，理顺整理好当前国家创新驱动发展战略国家决策及其实施的政策措施体系。用以人字当头的人头管理理论，以社会人的彼此同类发展观，观其言，看其行，用心理解体验党与政府大政方针的科学性与合理性，科学客观的思考判断应届党与政府的伟大、光荣、正确之处。让自己拥有以科学发展观为基石，可以自主不受他人影响掌握自己的命运。开辟自我美好人生的"两把剑"即远见和主见。放弃糊里糊涂，人云我云式的回避、非议与对抗的负面情绪。发挥科技企业家式的正向思维与正能量，以及中国好人式的思维理念与行为规范，从自我良好环境营造与自我良好心态树立，谋求自我轻松快乐、和谐发展氛围出发，坚定家国一体，集体力量肯定大于个人力量，国家智慧一定优于个人能力的信念，从政治、经济上和社会发展上处处体现"三合一"实现中国梦的理念思维模式，自觉自愿从思想上、行动上跟党与政府的社会经济发展目标与努力方向保持高度一致。在实际本职工作中努力实现国家、区域与企业及个人战略统一，达到国家任务、职业理想与个人愿景对接，做到三者同体、互动运行、同创共享。这既是科技企业家"三合一"实现中国梦的优势理念思维模式的践行，也是最快最好培养提升自己科技企业家素质能力，形成最佳全民创新意识能力环境，改变当前中国建设创新型国家各项基础薄弱、低劣短板现实最快捷有效的方式。全党全国人民上下同心同德，理解并贯彻执行创新驱动发展战略，必将在未来30多年科技企业家时代奏响全民用世界大同和谐发展理念行为同创共享建设创新型国家新乐章的主旋律。

（1）创新驱动发展战略实施和建设创新型国家政策文件集

① 2005 年，中共四川省委、四川省人民政府，川委发（2005）14 号文，《关于加强自主创新走创新型发展道路的决定》。

本文件是因为要切实提高自主创新能力，加快产业结构调整和推进经济增长方式转变，增强核心竞争力，促进四川省经济社会持续快速协调发展，就加强自主创新、走创新型发展道路作出的地方政府决定。中共四川省委和四川省人民政在本文件总共作出了"落实科学发展观，坚定不移走创新型发展道路"，"突出企业创新主体，增强核心竞争力"，"加强科技创新，增强经济社会发展能力"，"整合创新资源，增强自主创新能力"和"营造创新环境，为走创新型发展道路提供保障"五条加强自主创新、走创新型发展道路的重大战略决策意见。本文件明确提出了如何把握加强自主创新、走创新型发展道路的重大意义；加强自主创新、走创新型发展道路的总体要求；加强自主创新、走创新型发展道路的主要目标；加强自主创新、走创新型发展道路的主要任务；以及如何强化企业技术创新主体地位、完善推进企业技术创新的体制机制、完善企业为主体的技术创新体系；怎样引导和支持企业开展技术创新；如何把大力发展高新技术产业作为科技创新的重中之重；怎样推动优势特色产业发展；怎么促进农业产业化；如何推进可持续发展；怎样建立完善区域科技创新体系；如何大力构建创新创业平台；怎么发挥科研院所、高等院校科技创新中的重要作用；如何推进军民结合；怎样建设创新型人才队伍；如何积极营造鼓励创新的良好氛围；怎么加大科技创新投入力度和如何加强领导，狠抓落实二十条战略实施保障措施要求。这不仅是四川省区域总体产业发展政策，也是四川省配套国家创新发展政策，根据本省实际，建设创新型省的地方政府战略规划。它指明了本区域国民经济与社会发展规划的主体战略任务和总体目标方向，确立了四川省经济建设的主要方式与主体方向。本文件是科技成果转化行业从业者制定企业科技成果转化与经营管理战略规划的基本环境政策依据和战略发展总体方向及发展业态选择基调。

② 2013 年 6 月 24 日，中共四川省委、四川省人民政府，川委发（2013）13 号文，《关于实施创新驱动发展战略增强四川转型发展新动力的意见》。

本文件是为深入贯彻落实党的十八大、全国科技创新大会和四川省第十次党代会、中共四川省委十届三次全会精神，突出科技支撑引领作用，就实施创新驱动发展战略、增强四川转型发展新动力提出的地方政府工作意见。中共四川省委和四川省人民政府在本文件里，第一，从指导思想和主要目标两方面提出了总体要求；第二，在如何实施企业创新主体培育工程，全面提升企业创新能力方面，提出了推动企业建设高水平研发机构、支持企业实施科技成果转化重大项目、培育发展高成长型企业和推进企业开放合作四项具体详尽的政策措施；第三，就如何实施产业创新牵引升级工程，促进经济结构转型发展，给出了突破关键共性技术、培育扶持创新产品、发展壮大高端产业和推动传统产业改造升级四条政府意见；第四，围绕如何实施区域创新发展示范工程，推动形成多点多极发展新格局，作出了加快建设天府新区创新驱动改革试验区、建设绵阳科技城军民融合创新驱动示范区、建设创新驱动发展特色区和加快发展高新技术产业园区（基地）四项政府战略规划；第五，就怎样实施产学研用协同创新工程，提高技术创新体系整体效能，作出了加快科研院所体制改革和机制创新、完善科技成果转移转化机制、促进产学研组织发展和创新及强化创新资源开放共享四项政府战略部署；第六，就如何统筹创新人才发展，建设创新创业人才汇集地，提出了加快推进人才队伍建设、优化科技人才流动与配置和完善科技人才激励政策三条政府工作任务；第七，就推进政策措施落实，确保创新型四川建设取得实效，提出了创新财政资金的投入方式、落实鼓励创新的税收政策、推进科技金融的服务创新和强化科技创新的组织保障四项保障政策。

本文件与上个文件虽然不同时间发布、内容不同，却同一主题、同一精神、同一性质。这两个文件跟其他因时效已过，出台时间更久而未收集的同类文件一起，构成了中共四川省委与四川省人民政府先后颁发的创新驱动发展战略不同实施背景时间的总体主题系列文件集。这个文件集从地方政府政策层面，见证反映了国家改革开放三十六年以来，从模糊初级的科技进步推动社会发展国家意识，再到明确清晰的科学技术是第一生产力的科教兴国战略，最后形成科学规划的科技创新是经济社会发展源动力的创新驱动发展战略的政策演变轨迹。仅从这两个相隔八年出台的国民经济建设与社会发展基本战略国策文件比较而言，一是可以从国家政策演变，感知中国建设创新型国家的步伐越来越坚定、快捷，科技企业家时代未来远景越来越清晰。科技成果转化行业从业者短中期应该干什么，需要干什么，怎么干，如何干被国家研究规划得越来越科学、明确，得到国家政策引导帮助的作用越来越有效强烈。二是国家政府导向科技企业家具有社会精英与民族英雄的使命感与责任心，以及科技成果转化行业成为国民经济发展战略基础核心产业地位越来越坚定、明确。创新驱动发展战略正不仅成为建设创新型国家的国策，更成为了现在"十三五"乃至一个时代发展的主旋律，以及全民发展意识行为，形成了国家政策定义与战略规划越来越科学合理、明白清晰的未来"准科技企业家时代"和科技企业家时代发展趋势。

③ 2015 年 3 月 13 日，中共中央、国务院颁发了《关于深化体制机制改革加快实施创新驱动发展战略的若干意见》。

本文件是中共中央、国务院越来越清楚认识到创新是推动一个国家和民族向前发展的重要力量，也是推动整个人类社会向前发展的重要力量，面对全球新一轮科技革命与产业变革的重大机遇和挑战，面对经济发展新常态下的趋势变化和特点，面对实现"两个一百年"奋斗目标的历史任务和要求，深感必须深化体制机制改革，加快实施创新驱动发展战略的背景下，提出的深化体制机制改革加快实施创新驱动发展战略的政策意见。

本文件标题明确地表明了深化体制机制改革对于加快实施创新驱动发展战略关键重要的关系作用。客观深刻地反映了只有深化体制机制改革才能加快实施创新驱动发展战略的现实性与科学性。精准、科学地抓住了中国当前经济建设与社会发展的主要问题与解决的主要难点和重点。为建设创新型国家高瞻远瞩地指明了正确的前进方向、路径与思维，以及需攻克的主要前行障碍。

本文件从具体文件内容上，首先，明确了加快实施创新驱动发展战略的总体思路和主要目标：

- 加快实施创新驱动发展战略，就是要使市场在资源配置中起决定性作用和更好发挥政府作用，破除一切制约创新的思想障碍和制度藩篱，激发全社会创新活力和创造潜能，提升劳动、信息、知识、技术、管理、资本的效率和效益。强化科技同经济对接、创新成果同产业对接、创新项目同现实生产力对接、研发人员创新劳动同其利益收入对接。增强科技进步对经济发展的贡献度。营造大众创业、万众创新的政策环境和制度环境。

- 坚持需求导向。紧扣经济社会发展重大需求，着力打通科技成果向现实生产力转化的通道。着力破除科学家、科技人员、企业家、创业者创新的障碍。着力解决要素驱动、投资驱动向创新驱动转变的制约。让创新真正落实到创造新的增长点上，把创新成果变成实实在在的产业活动。

- 坚持人才为先。要把人才作为创新的第一资源，更加注重培养、用好、吸引各类人才，促进人才合理流动、优化配置，创新人才培养模式；更加注重强化激励机制，给予科技人员更多的利益回报和精神鼓励；更加注重发挥企业家和技术技能人才队伍创新作用，充分激发全社会的创新活力。

- 坚持遵循规律。根据科学技术活动特点，把握好科学研究的探索发现规律，为科学家潜心研究、发明创造、技术突破创造良好条件和宽松环境；把握好技术创新的市场规律，让市场成为优化配置创新资源的主要手段，让企业成为技术创新的主体力量，让知识产权制度成为激励创新的基本保障；大力营造勇于探索、鼓励创新、宽容失败的文化和社会氛围。

- 坚持全面创新。把科技创新摆在国家发展全局的核心位置。统筹推进科技体制改革和经济社会领域改革；统筹推进科技、管理、品牌、组织、商业模式创新；统筹推进军民融合创新；统筹推进引进来与走出去合作创新，实现科技创新、制度创新、开放创新的有机统一和协同发展。

- 到 2020 年，基本形成适应创新驱动发展要求的制度环境和政策法律体系，为进入创新型国家行列提供有力保障。人才、资本、技术、知识自由流动；企业、科研院所、高等学校协同创新。创新活力竞相迸发，创新成果得到充分保护，创新价值得到更大体现，创新资源配置效率大幅提高，创新人才合理分享创新收益，使创新驱动发展战略真正落地，进而打造促进经济增长和就业创业的新引擎，构筑参与国际竞争合作的新优势，推动形成可持续发展的新格局，促进经济发展方式的转变。

其次，本文件就深化体制机制改革、加快实施创新驱动发展战略八大主攻目标方向及具体落实细化方案，分别逐一提出了政府意见和政策措施：

● 围绕营造激励创新的公平竞争环境，提出了如何实行严格的知识产权保护制度，怎样打破制约创新的行业垄断和市场分割，怎么改进新技术、新产品、新商业模式的准入管理，如何健全产业技术政策、管理制度和怎样形成要素价格倒逼创新机制五项政策措施。

● 就建立技术创新市场导向机制，提出了扩大企业在国家创新决策中话语权，完善企业为主体的产业技术创新机制，提高普惠性财税政策支持力度和健全优先使用创新产品的采购政策四项政策办法。

● 关于如何强化金融创新的功能，提出了壮大创业投资规模，强化资本市场对技术创新的支持和拓宽技术创新的间接融资渠道三条政策支持途径。

● 针对完善成果转化激励政策，提出了加快下放科技成果使用、处置和收益权，提高科研人员成果转化收益比例和加大科研人员股权激励力度三条政策具体措施。

● 就构建更加高效的科研体系，给出了优化对基础研究的支持方式，加大对科研工作的绩效激励力度，改革高等学校和科研院所科研评价制度，深化转制科研院所改革，建立高等学校和科研院所技术转移机制五项政策方案。

● 就如何建立完善创新培养、用好和吸引人才机制，提出了构建创新型人才培养模式，建立健全科研人才双向流动机制和实行更具竞争力的人才吸引制度三项政策制度。

● 就如何推动形成深度融合的开放创新局面，提出了鼓励创新要素跨境流动，优化境外创新投资管理制度和扩大科技计划对外开放三项政策措施。

● 就怎样加强创新政策统筹协调，提出了加强创新政策的统筹，完善创新驱动导向评价体系，改革科技管理体制和推进全面创新改革试验四项政策要求。

本文件可以说是科技成果转化行业从业者在"十三五"国民经济与社会发展规划期，从事企业科技成果转化与经营管理，实施创新驱动发展战略的国家纲领性文件。我们不仅通过本文件的主要目标，清楚了"准科技企业家时代"划分依据与政策由来及时代背景，而且，对"准科技企业家时代"政策环境以及行业发展改革变化也有一个清晰认识，准确把握。由此，可为科技成果转化行业从业者有一个科学合理与时俱进的企业科技成果转化与经营管理发展及个人职业生涯"十三五"规划，成为一名成功的科技企业家打下良好政策规划基础。

（2）"大众创业、万众创新"活动政策文件集

① 2015 年 3 月 11 日，国务院办公厅，国办发（2015）9 号文，颁发了《国务院办公厅关于发展众创空间推进大众创新创业的指导意见》。

本文件是为加快实施创新驱动发展战略，适应和引领经济发展新常态，顺应

网络时代大众创业、万众创新的新趋势，加快发展众创空间等新型创业服务平台，营造良好的创新创业生态环境，激发亿万群众创造活力，打造经济发展新引擎，经国务院同意，提出的发展众创空间推进大众创新创业的指导意见。

本文件首先明确了发展众创空间推进大众创新创业的总体要求，一是全面落实党的十八大和十八届二中、三中、四中全会精神，按照党中央、国务院决策部署，以营造良好创新创业生态环境为目标，激发全社会创新创业活力为主线，以构建众创空间等创业服务平台为载体，有效整合资源，集成落实政策，完善服务模式，培育创新文化，加快形成大众创业、万众创新的生动局面为指导思想；二是以坚持市场导向、强化开放共享和创新服务模式为三大基本原则；三是争取到2020年，形成一批有效满足大众创新创业需求、具有较强专业化服务能力的众创空间等新型创业服务平台。其次，论述了实施后的效果：培育一批"天使投资人"和创业投资机构，投融资渠道更加畅通；孵化培育一大批创新型小微企业，并从中成长出能够引领未来经济发展的骨干企业，形成新的产业业态和经济增长点；创业群体高度活跃，以创业促进就业，提供更多高质量就业岗位；创新创业政策体系更加健全，服务体系更加完善，全社会创新创业文化氛围更加浓厚的发展目标。再次，提出了加快构建众创空间、降低创新创业门槛、鼓励科技人员和大学生创业、支持创新创业公共服务、加强财政资金引导、完善创业投融资机制、丰富创新创业活动和营造创新创业文化氛围八项重点任务。最后，提出了加强组织领导、加强示范引导和加强协调推进三项组织实施要求。

本文件实际上不仅是国家与地方政府创新创业发展的任务书，也是所有科技成果转化行业从业者开展企业科技成果转化与经营管理必须了解领悟、贯彻执行的任务单和课题表。从这个文件可以清楚明白看到科技企业家时代国家任务、职业理想与个人愿景如此有机系统、协调一致"三合一"实现的政策性与时代特征。

② 2015 年 6 月 11 日，国务院，国发〔2015〕32 号文，颁发了《国务院关于大力推进大众创业万众创新若干政策措施的意见》。

本文件是根据 2015 年《政府工作报告》部署，为改革完善相关体制机制，构建普惠性政策扶持体系，推动资金链引导创业创新链、创业创新链支持产业链、产业链带动就业链，提出的中央政府政策意见。

本文件指出推进大众创业、万众创新，是发展的动力之源，也是富民之道、公平之计、强国之策，对于推动经济结构调整、打造发展新引擎、增强发展新动力、走创新驱动发展道路具有重要意义；是稳增长、扩就业、激发亿万群众智慧和创造力，促进社会纵向流动、公平正义的重大举措。

本文件首先讲了推进大众创业、万众创新，是培育和催生经济社会发展新动态和创业活力的有效途径等重要意义，以及按照"四个全面"战略布局，坚持改革推动，加快实施创新驱动发展战略，充分发挥市场在资源配置中的决定性作用和更好发挥政府作用；坚持深化改革，营造创业环境；坚持需求导向，释放创业活力；坚持政策协同，实现落地生根；坚持开放共享，推动模式创新五项总体思路。其次，就提出的大力推进大众创业、万众创新九项重大政策举措，分别逐一进行政策细化和措施落实：

- 为创新体制机制，实现创业便利化，提出了完善公平竞争市场环境，深化商事制度改革，加强创业知识产权保护和健全创业人才培养与流动机制四个政策方向及其具体政策措施。

- 就优化财税政策，强化创业扶持，提出了加大财政资金支持和统筹力度，完善普惠性税收措施和发挥政府采购支持作用三项政策要求。

- 针对如何搞活金融市场，实现便捷融资，提出了优化资本市场，创新银行支持方式和丰富创业融资新模式三条政策路径。

- 围绕扩大创业投资，支持创业起步成长，提供了建立和完善创业投资引导机制，拓宽创业投资资金供给渠道，发展国有资本创业投资和推动创业投资"引进来"与"走出去"四项政策支持。

- 就发展创业服务，构建创业生态，提出了加快发展创业孵化服务，大力发展第三方专业服务，发展"互联网+"创业服务和研究探索创业券、创新券等公共服务新模式四种政策办法。

- 就建设创业创新平台，增强支撑作用，给出了打造创业创新公共平台，用好创业创新技术平台和发展创业创新区域平台三种政策方案。

- 就激发创造活力，发展创新型创业，提出了支持科研人员创业，支持大学生创业和支持境外人才来华创业三项鼓励政策。

- 就拓展城乡创业渠道，实现创业带动就业，提出了支持电子商务向基层延伸，支持返乡创业集聚发展和完善基层创业支撑服务三项政策导向。

- 就加强统筹协调，完善协同机制，提出了加强组织领导，加强政策协调联动和加强政策落实情况督查三项政策保障。

本文件不仅是科技成果转化行业从业者了解掌握科技成果转化政策环境子系统与宏观调控子系统运行状况，可以从中寻找创新创业商机和新兴业务细分市场的基础性文件，而且也是以四川省生产力促进中心为代表的科技成果转化专业服务商，在这场"大众创业、万众创新"的时代机遇之战中，寻找制高点和战机，打赢这场国强民富已发展建设创新型国家的"三合一"全民战争的致胜兵书。

③ 2015 年 4 月 27 日，国务院，国发〔2015〕23 号文，颁发了《关于进一步做好新形势下就业创业工作的意见》。

本文件开门见山指出，就业事关经济发展和民生改善大局，党中央、国务院高度重视。坚持把稳定和扩大就业作为宏观调控的重要目标，大力实施就业优先战略，积极深化行政审批制度和商事制度改革，推动大众创业、万众创新，创业带动就业倍增效应进一步释放，实现就业局势总体稳定。但也要看到，随着我国经济发展进入新常态，就业总量压力依然存在，结构性矛盾更加凸显。大众创业、万众创新是富民之道、强国之举，有利于产业、企业、分配等多方面结构优化。面对就业压力加大形势，必须着力培育大众创业、万众创新的新引擎，实施更加积极的就业政策。把创业和就业结合起来，以创业创新带动就业，催生经济社会发展新动力，为促进民生改善、经济结构调整和社会和谐稳定提供新动能。为此，就进一步做好就业创业工作提出政策意见。

本文件根据做好新形势下就业创业工作应真抓实干的五项关键重点政务方案，逐一分别提出了具体政策措施与政策方法：

* 就如何深入实施就业优先战略，提出了坚持扩大就业发展战略，发展吸纳就业能力强的产业，发挥小微企业就业主渠道作用及积极预防和有效调控失业风险四条政策办法。

* 就怎样积极推进创业带动就业，提出了营造宽松便捷的准入环境，培育创业创新公共平台，拓宽创业投融资渠道，支持创业担保贷款发展，加大减税降费力度，调动科研人员创业积极性，鼓励农村劳动力创业和营造大众创业良好氛围八项政策措施。

* 就怎么统筹推进高校毕业生等重点群体就业，提出了鼓励高校毕业生多渠道就业，加强对困难人员的就业援助，推进农村劳动力转移就业和促进退役军人就业四项政策手段。

* 就如何加强就业创业服务和职业培训，提出了强化公共就业创业服务，加快公共就业服务信息化，加强人力资源市场建设，加强职业培训和创业培训，建立健全失业保险、社会救助与就业的联动机制和完善失业登记办法六项政策部署。

* 就怎样强化组织领导，提出了健全协调机制，保障资金投入，建立健全就业创业统计监测体系和注重舆论引导四项政策保障。

本文件是针对实施创新驱动发展战略，开展"大众创业、万众创新"活动的成功最关键，也是最难点的人力资源要素和人事体制改革进行的创业思维与创业条件的政策建立和制度导向。从政策制度创新提高保障了全民，特别是体制内国家科研人员创新创业的积极性与能动力。本文件是全民，特别是科技成果转化行业从业者与时俱进树立新时代新就业观点，更广泛灵活、更好更有效投身建设创新型国家劳动者大军行列的指路明灯与制度保障。

中国人民大学劳动人事学院教授曾湘泉对《第一财经日报》表示，这一举措与30多年前允许国有企事业单位职工"停薪留职"下海经商本质上是一致的，都是对体制内人员走出去创业给予政策支持。

30多年前，这一政策被称为"停薪留职"——1983年6月11日，当时的劳动人事部、国家经济委员会联合下发《关于企业职工要求"停薪留职"问题的通知》（以下简称《通知》）。停薪留职政策自此风行。后来成名的一些商界大佬如潘石屹、王健林等均是递交"停薪留职"申请书之后踏上了创业之路。潘石屹没有被批准。王健林则为自己留了"一条后路"，万一创业失败还可以回去享受处级待遇。

此次国务院力排众议出台了支持科研人员离岗创业的优惠政策，可以看作是"停薪留职"2.0版，无论是停职时间还是待遇上都优于1983年的《通知》。1983年规定停薪留职时间一般不超过两年，此次为3年。1983年的《通知》明确停薪留职期间，不升级，不享受各种津贴、补贴和劳保福利待遇；此次则明确规定离职创业人员享受职称岗位晋升和社会保险的同等待遇。

曾湘泉教授认为，"大众创业、万众创新"仅仅靠大学生是不够的。体制内有工作经验的科研人员加入到创业潮中将大大地提高创业成功率，也将成为中国经济转型升级的重要力量。

人社部副部长信长星认为本文件是中国积极就业政策的4.0版。中国自2002年推出中国积极就业政策以来，经过"下岗失业人员再就业""就业和再就业相结合""促进就业"这三个阶段之后，迎来了"促进就业创业"的阶段，尤其是突出"创业"。"创新创业"对于科技企业家时代的公民来讲，应该既是当代的一个流行主流的工作形态，更是当代的一个令人向往的就业方式。为此，我们首先是从自我思想观点树立开始，达到全民、全社会的共识习惯。那就会从人们的生存发展思维意识观念上，真正表明科技企业家时代来临！

④ 中共四川省委与四川省人民政府开展"大众创业、万众创新"活动的一系列文件，在此因与上述①、②两个中央文件精神与政策及解读思路办法相同，而文件层级不同、区域不同而已，故将其与其他"大众创业、万众创新"活动技术类和管理类实用型文件在此一并作一文件名录，供大家以后查询参考。

• 《四川省人民政府关于全面推进大众创业、万众创新的意见》，川府发〔2015〕27号文。

• 《关于印发〈四川省建设创新型企业工作管理办法〉（试行）的通知》，川科政〔2007〕4号文，四川省科技厅、四川省经委、四川省发改委、四川省国资委、四川省国税局、四川省地税局、四川省质监局、中共四川省委宣传部、四川省总工会、四川省知识产权局联合印发。

• 《关于印发〈四川省科技创新企业技术开发费认定办法〉（试行）的通知》，川科政〔2006〕6号文，四川省科技厅、四川省国税局、四川省地税局联合印发。

• 《企业研究开发费用税前扣除管理办法（试行）》，国税发〔2008〕116号，国家税务总局颁发。

• 《国务院关于印发注册资本登记制度改革方案的通知》（国发〔2014〕7号）。

• 《国务院关于促进市场公平竞争维护市场正常秩序的若干意见》（国发〔2014〕20号）。

• 《国务院关于加快科技服务业发展的若干意见》（国发〔2014〕49号）。

• 《国务院关于国家重大科研基础设施和大型科研仪器向社会开放的意见》（国发〔2014〕70号）。

- 《国务院办公厅关于做好 2014 年全国普通高等学校毕业生就业创业工作的通知》（国办发〔2014〕22 号）。
- 《关于印发〈中小企业发展专项资金管理暂行办法〉的通知》（财企〔2014〕38 号）。
- 《关于开展深化中央级事业单位科技成果使用、处置和收益管理改革试点的通知》。
- 《关于实施大学生创业引领计划的通知》（人社部发〔2014〕38 号）。
- 《关于大力推进体制机制创新 扎实做好科技金融服务的意见》（银发〔2014〕9 号）。
- 《关于商业银行知识产权质押贷款业务的指导意见》（银监发〔2013〕6 号）。
- 《关于规范证券公司参与区域性股权交易市场的指导意见（试行）》（证监会公告〔2012〕20 号）。

（三）国家三大产业政策体系分类解读

我们现在从国家产业政策的制定与实施角度，就国家战略性新兴产业、中国制造 2025 和"互联网+"行动迎接的工业第四次革命，以及人类发展新纪元——实景经济革命时代的信息社会到来，所带来的中国产业发展时代机遇，进行国家政策梳理归类解读。期待由此给科技成果转化行业从业者一个清晰全面、准确实用的国家产业政策体系概念，以利于其从事企业科技成果转化与经营管理的战略运营和具体行业领域拓展，实实在在有一个符合国家科技企业家时代特色的产业发展方向与战略性新兴产业范畴概念了解掌握。帮助科技成果行业从业者具备企业产业发展战略规划设计所需的科学正确、实用有效的政策依据，真正拥有市场需要、国家战略支持和自己专业优势突出的创新创业发展之路。可以充分利用国家智慧与公共资源，抓住"三合一"实现中国梦的时代优势发展机遇，从一个高起点、高水平，可持续有前景的科技型小微企业做起。并且可以随着国民经济与社会发展第十三个、第十四个规划执行，中国后来居上的第四次工业革命愿景实现，通过建设创新型国家而成长壮大成为肩负国家民族重任及无数家庭幸福保证的行业领军企业和跨国大型集团公司。

（1）国家产业结构调整与战略性新兴产业政策文件集

① 2011 年 3 月 27 日，中华人民共和国国家发展和改革委员会，发改委令 9 号，发布《产业结构调整指导目录（2011 年本）》。

本指导目录是为加快转变经济发展方式，推动产业结构调整和优化升级，完善和发展现代产业体系，根据《国务院关于发布实施〈促进产业结构调整暂行规定〉的决定》（国发〔2005〕40 号）（以下简称《决定》），发改委会同国务院有关部门对《产业结构调整指导目录（2005 年本）》进行了修订，形成的《产业结构调整指导目录（2011 年本）》，自 2011 年 6 月 1 日起施行。《产业结构调整指导目录（2005 年本）》同时废止。

本指导目录分别列出了四十种产业及其大类的具体鼓励发展名单；十七种产业及其产品项目的具体限制名单；十七个产业落后生产工艺装备与十二个产业落后产品的具体淘汰名单。相信今明两年一定会因中国产业状况变化与全球第四次工业革命到来，而发生国家产业政策及产业结构调整指导目录再次修正。它是科技成果转化行业从业者实际产业项目选择的底线标准，也是中国基本产业结构状况总体行业优劣情况反映。

②2013 年 2 月 22 日，国家发改委，中华人民共和国国家发展和改革委员会 2013 年第 16 号公告，公布了《战略性新兴产业重点产品和服务指导目录》。

本指导目录是国家发改委会同科技部、工信部、财政部等有关部门和地方发展改革委，为贯彻落实《国务院关于加快培育和发展战略性新兴产业的决定》，更好地指导各部门、各地区开展培育发展战略性新兴产业工作，在相关研究机构、行业协会和专家学者建议，并公开征求社会各方面意见的基础上研究起草的。本指导目录依据《决定》确定的七个战略新兴产业、24 个重点发展方向下的 125 个子方向，进一步细化到近 3100 项细分产品和服务（其中节能环保产业约 740 项，新一代信息技术产业约 950 项，生物产业约 500 项，高端装备制造产业约 270 项，新能源产业约 300 项，新材料产业约 280 项，新能源汽车产业约 60 项）。本指导目录的作用，在于将战略性新兴产业的具体内涵进一步细化，体现了战略性和前瞻性，以更好地引导社会资源投向，利于各部门、各地区以此为依据，开展培育发展战略性新兴产业工作，也是科技成果转化行业从业者投身战略性新兴产业的实际操作指南。

（2）中国制造 2025 及跟随全球第四次工业革命政策文件集

①2015 年 5 月 8 日，国务院，国发〔2015〕28 号文，颁布了《国务院关于印发〈中国制造 2025〉的通知》。

本文件开门见山指出，制造业是国民经济的主体，是立国之本、兴国之器、强国之基。十八世纪中叶开启工业文明以来，世界强国的兴衰史和中华民族的奋斗史一再证明，没有强大的制造业，就没有国家和民族的强盛。打造具有国际竞争力的制造业，是我国提升综合国力、保障国家安全、建设世界强国的必由之路。当前，新一轮科技革命和产业变革与我国加快转变经济发展方式形成历史性交汇，国际产业分工格局正在重塑。必须紧紧抓住这一重大历史机遇，按照"四个全面"战略布局要求，实施制造强国战略，加强统筹规划和前瞻部署，力争通过三个十年的努力，到新中国成立一百年时，把我国建设成为引领世界制造业发展的制造强国，为实现中华民族伟大复兴的中国梦打下坚实基础。为此，形成了《中国制造 2025》——我国实施制造强国战略第一个十年行动纲领。

《中国制造 2025》提出，坚持"创新驱动、质量为先、绿色发展、结构优化、人才为本"的基本方针，坚持"市场主导、政府引导，立足当前、着眼长远，整体推进、重点突破，自主发展、开放合作"的基本原则，通过"三步走"实现制造强国的战略目标：第一步，到2025年迈入制造强国行列；第二步，到2035年我国制造业整体达到世界制造强国阵营中等水平；第三步，到新中国成立一百年时，我制造业大国地位更加巩固，综合实力进入世界制造强国前列。

围绕实现制造强国的战略目标，《中国制造2025》明确了九项战略任务和重点：一是提高国家制造业创新能力；二是推进信息化与工业化深度融合；三是强化工业基础能力；四是加强质量品牌建设；五是全面推行绿色制造；六是大力推动重点领域突破发展，聚焦新一代信息技术产业、高档数控机床和机器人、航空航天装备、海洋工程装备及高技术船舶、先进轨道交通装备、节能与新能源汽车、电力装备、农机装备、新材料、生物医药及高性能医疗器械十大重点领域；七是深入推进制造业结构调整；八是积极发展服务型制造和生产性服务业；九是提高制造业国际化发展水平。

《中国制造2025》明确，通过政府引导、整合资源，实施国家制造业创新中心建设、智能制造、工业强基、绿色制造、高端装备创新等五项重大工程。实现长期制约制造业发展的关键共性技术突破，提升我国制造业的整体竞争力。

为确保完成目标任务，《中国制造2025》提出了深化体制机制改革、营造公平竞争市场环境、完善金融扶持政策、加大财税政策支持力度、健全多层次人才培养体系、完善中小微企业政策、进一步扩大制造业对外开放、健全组织实施机制八方面的战略支撑和保障。

这是科技成果转化行业从业者进行企业实体科技成果转化与经营管理的产业和技术开发基础手册和纲领性文件。

一图了解 中国制造2025

发展形势和环境

全球制造业格局面临重大调整

我国经济发展环境发生重大变化

建设制造强国任务艰巨而紧迫

战略目标

第一步
到2025年，迈入制造强国行列

第二步
到2035年，我国制造业整体达到世界制造强国阵营中等水平

第三步
建国一百年时，制造业大国地位更加巩固，综合实力进入世界制造强国前列

战略任务和重点

国务院印发《中国制造20...

一、提高国家制造业创新能力
- 加强关键核心技术研发
- 提高创新设计能力
- 推进科技成果产业化
- 完善国家制造业创新体系
- 加强标准体系建设
- 强化知识产权运用

专栏1：制造业创新中心（工业技术研究基地）建设工程

二、推进信息化与工业化深度融合
- 研究制定智能制造发展战略
- 加快发展智能制造装备和产品
- 推进制造过程智能化
- 深化互联网在制造领域的应用
- 加强互联网基础设施建设

专栏2：智能制造工程

三、强化工业基础能力
- 统筹推进"四基"发展
- 加强"四基"创新能力建设
- 推动整机企业和"四基"企业协同发展

专栏3：工业强基工程

四、加强质量品牌建设
- 推广先进质量管理技术和方法
- 加快提升产品质量
- 完善质量监管体系
- 夯实质量发展基础
- 推进制造业品牌建设

五、全面推行绿色制造
- 加快制造业绿色改造升级
- 推进资源高效循环利用
- 积极构建绿色制造体系

专栏4：绿色制造工程

六、大力推动重点领域突破发展
- 新一代信息技术产业
- 高档数控机床和机器人
- 航空航天设备
- 海洋工程装备及高技术船舶
- 先进轨道交通装备
- 节能与新能源汽车
- 电力装备
- 农机装备
- 新材料
- 生物医药及高性能医疗器械

专栏5：高端装备创新工程

七、深入推进制造业结构调整
- 持续推进企业技术改造
- 稳步化解产能过剩矛盾
- 促进大中小企业协调发展
- 优化制造业发展布局

八、积极发展服务型制造和生产性服务业
- 推动发展服务型制造
- 加快生产性服务业发展
- 强化服务功能区和公共服务平台建设

九、提高制造业国际化发展水平
- 提高利用外资与国际合作水平
- 提升跨国经营能力和国际竞争力
- 深化产业国际合作，加快企业"走出去"

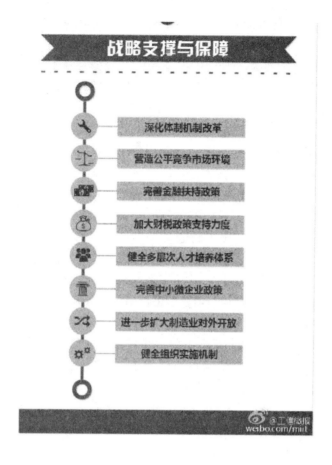

② 2015 年 5 月 18 日，工业和信息化部办公厅、财政部办公厅联合，工信厅联规函〔2015〕340 号文，颁发了《关于组织开展 2015 年工业转型升级强基工程的通知》。

本文件是为贯彻落实《中国制造 2025》《工业和信息化部关于加快推进工业强基的指导意见》（工信部规〔2014〕67 号）等文件精神，加快促进工业基础能力提升，根据《工业和信息化部关于开展 2015 年工业强基专项行动的通知》（工信部规〔2015〕66 号）要求，围绕重大工程和重点领域急需，实现关键基础材料、核心基础零部件（元器件）、先进基础工艺和产业技术基础（以下简称"四基"）工程化、产业化突破，夯实工业发展基础，提升工业发展的质量和效益，以工业和信息化部、财政部共同组织实施 2015 年工业转型升级强基工程的有关事项通知制定而成的。本文件首先指出，贯彻党的十八届三中、四中全会和中央经济工作会议精神，按照全国工业和信息化工作会议要求，充分发挥市场在资源配置中的决定性作用和更好发挥政府财政性资金作用，围绕《中国制造 2025》重点领域和重大工程，创新组织管理模式，探索工业"四基"推动机制，组织实施工业强基工程，推动工业"四基"的工程化、产业化，逐步解决制约重点领域发展的关键瓶颈问题，提升工业基础能力，夯实制造强国建设基础是工业转型升级强基工程的指导思想；其基本原则是，企业主体，政府引导、长效推进，突出重点和协同创新，健全机制三项。其次，明确了 2015 年工业转型升强基工程重点支持方向是贯彻落实《中国制造 2025》重点任务，根据工业强基专项行动要求，2015 年主要聚焦高端装备、电子信息等领域"四基"关键制约环节，重点解决瓶颈问题，夯实产业发展基础，促进产业链整体水平提升。最后，分别就项目组织方式、专项资金支持方式、优先支持对象和项目库建设等具体事宜作出了明确要求。同时，在本文件附件，明确了高端装备制造、电子信息、海洋工程等领域需要重点发展的 18 项技术、19 项核心基础零部件、5 项先进基础工艺，以及 13 种产业技术基础公共服务平台。

本文件不仅是贯彻落实《中国制造 2025》的实施执行文件，也是科技成果转化行业从业者真实参与中国工业革命进程，起到具体现实产业发展作用，使自己企业科技成果转化与经营管理纳入国家产业政策鼓励支持范围，并得到国家政策和公共资源促进支持的入门路径与项目申报指南。

③ 后续文件收集与解读。

鉴于 2016 年是国民经济与社会发展"十三五"规划执行的开局之年，同时，2015 年又是国家经济社会发展战略布局与全球经济科技发生巨变的一年，更因将 2013 年 11 月党的十八大三中全会召开为节点，以"创新驱动发展战略实施""全面深化改革时期到来"和"'促进本法'修正"为标志。进入"科技成果转化第二阶段"的第二年，就迎来了建设创新型国家准备期和新一轮科技革命与产业革命的"准科技企业家时代"，更明显突出的原因事实还有《中国制造 2025》这个中国产业发展纲领性文件在 2015 年 5 月 8 日才得以颁布，时间紧、任务重、变化大、问题多，客观直接地导致了各种相应配套执行的文件无法出台。所以，本书秉持理论指导实务，实务印证理论，不断学中干、干中学的一贯科研写作示范方式原则，以及用精准科学的理论学术核心知识与实务工作基础技能的理解掌握，去了解、适应、明白、解决不断变化多样的时事问题与不断发展多元的实践问题的科研经管工作经验示范，希望帮助读者能够同样如此收集整理解读后续文件，掌握相关新的政策内容与政策指导引领指示精神与政策实用有效规范指南措施办法等。

据中华网财经专家报道，《经济参考报》从多个权威渠道获悉，中国制造 2025 后续政策将陆续推出，其中包括此前发布的总体性规划《中国制造 2025》中提出的相关任务、工作重点、重点发展技术的后续支撑政策，以及相应的财税金融扶持政策。

根据工信部、发改委的工作安排，中国制造 2025"1+X"方案，以及重点技术创新"绿皮书"有望年内相继推出；工业强基等专项工程，则将在年内进入实质性推进阶段。随着各项具体的针对性政策落地，中国制造 2025 正在从一纸规划逐渐进入落实阶段。

工信部规划司副司长李北光介绍，"绿皮书"的前身是《中国制造2025》规划附件《十大重点领域演进路线图》。但考虑到《中国制造2025》是一个中长期规划，时间跨度达到10年，期间技术演进方向和速度都有可能超出目前的预期，因此淡化了"路线图"的概念，而改为"绿皮书"。

李北光介绍，"绿皮书"将动态发布，会根据技术发展趋势，预计每两年发布一次，为制造业中的重要技术发展做出相应规划。李北光还强调，"绿皮书"并不只针对目前《中国制造2025》已罗列出的十大发展领域，还会根据中国制造2025推进中，需要发展的重点技术、关键技术适时编纂推出。

李北光还表示，中国制造2025并不是仅发展十大重点领域，而是要达到制造业水平的全面提升，这意味着未来相关部委和机构，还有可能针对国内制造业众多大而不强的领域推出相应的促进政策。

除了推出"绿皮书"外，工信部新闻发言人、总工程师王黎明介绍，工信部等部委正在加快完善中国制造2025"1+X"方案，所谓"1"就是《中国制造2025》规划本身，"X"则是相关的配套规划。李北光介绍，"X"不仅仅是相应的产业领域，或者具体技术，而是涵盖金融、财税、人才、创新等多个环节支撑政策。另外，具体的制造业细分行业，以及其他制造业领域的发展规划，则将以"十三五"规划的形式陆续出台。

当前，不仅《中国制造2025》各种配套执行后续文件，还有很多类似的重大经济科技社会发展政府举措与政策文件会不断出台，且会随着时间推移及情况变化与时俱进更新修正发布，需要作者与读者共同不断跟进学习理解掌握运用。在这个时代重叠创新驱动发展的年代，这是每一位科技成果转化行业从业者政策学习掌握基本形态。事实上，国家因时因地因事因人制宜对科技成果转化行业治理不断涌现的政策制度法规，既体现了时事政治与政策形势，也是通过国家智慧与国家意识表现的不断变化发展的客观现实社会科学规律。与时俱进了解掌握新的政策制度，适时适地适宜判断政治与经济、科技和社会发展形势，能够有"三合一"实现中国梦的理念观点与素质能力的政策水平和能力基础，是科技成果转化行业从业者与科技企业家最起码的职业或专业工作标准与时代发展基本要求。

（3）"互联网+"行动政策文件集

"互联网+"行动跟《中国制造2025》的相同与分别在于，两者都是中国重大产业政策体系之一，也是中国国家重大产业发展战略规划，但前者就整个产业链而言属于基础核心产业，而后者仅仅是制造业产业链。"互联网+"行动与"大众创业、万众创新"活动的共同意义作用，在于前者从产业乃至人类社会发展载体本身即物的对象，后者从行业发展组织形式即人的角度，相辅相成地成为科技企业家时代国家主体发展内容与产业政策及重点战略，并在科技企业家时代发展成最基础最核心的产业形态，构成实景经济社会人类互联网线上线下活动共体同畴的实景空间，形成智能化与智慧城市化的信息社会。三者相关政策文件都是科技成果转化行业从业者主体产业选择指南与创业创新主要技术领域研发方向、内容纲领性式文件。因此，我们特别将互联网+行动的政策文件，像《中国制造 2025》和"大众创业、万众创新"一样专门收集整理归类解读，供科技成果转化行业从业者理解领悟、实施运用此类政策文件时参考。

① 2015 年 7 月 1 日，国务院，国发（2015）40 号文，颁发了《国务院关于积极推进"互联网+"行动的指导意见》。

首先，本文件开宗明义指出："互联网+"是把互联网的创新成果与经济社会各领域深度融合，推动技术进步、效率提升和组织变革，提升实体经济创新力和生产力，形成更广泛的以互联网为基础设施和创新要素的经济社会发展新形态。在全球新一轮科技革命和产业变革中，互联网与各领域的融合发展具有广阔前景和无限潜力，已成为不可阻挡的时代潮流，正对各国经济社会发展产生着战略性和全局性的影响。积极发挥我国互联网已经形成的比较优势，把握机遇，增强信心，加快推进"互联网+"发展，有利于重塑创新体系、激发创新活力、培育新兴业态和创新公共服务模式，对打造大众创业、万众创新和增加公共产品、公共服务"双引擎"，主动适应和引领经济发展新常态，形成经济发展新动能，实现中国经济提质增效升级具有重要意义。

其次，提出了顺应世界"互联网+"发展趋势，充分发挥我国互联网的规模优势和应用优势，推动互联网由消费领域向生产领域拓展，加速提升产业发展水平，增强各行业创新能力，构筑经济社会发展新优势和新动能。坚持改革创新和市场需求导向，突出企业的主体作用，大力拓展互联网与经济社会各领域融合的广度和深度。应当做到着力深化体制机制改革，释放发展潜力和活力；着力做优存量，推动经济提质增效和转型升级；着力做大增量，培育新兴业态，打造新的增长点；着力创新政府服务模式，夯实网络发展基础，营造安全网络环境，提升公共服务水平的互联网+行动总体思路，以及坚持开放共享、坚持融合创新、坚持变革转型、坚持引领跨越和坚持安全有序五项基本原则。还有到 2018 年，互联网与经济社会各领域的融合发展进一步深化。表现为：基于互联网的新业态成为新的经济增长动力，互联网支撑"大众创业、万众创新"的作用进一步增强，互联网成为提供公共服务的重要手段，网络经济与实体经济协同互动的发展格局基本形成；通过经济发展进一步提质增效，社会服务进一步便捷普惠，基础支撑进一步夯实提升，发展环境进一步开放包容；到 2025 年，网络化、智能化、服务化、协同化的"互联网+"产业生态体系基本完善，"互联网+"新经济形态初步形成，"互联网+"成为经济社会创新发展的重要驱动力量等。

再次，提出了 11 项互联网+行动重点行动计划与相关负责国家行政管理部门。

第一，互联网+创业创新——充分发挥互联网的创新驱动作用，以促进创业创新为重点，推动各类要素资源聚集、开放和共享，大力发展众创空间、开放式创新等，引导和推动全社会形成大众创业、万众创新的浓厚氛围，打造经济发展新引擎（发展改革委、科技部、工业和信息化部、人力资源社会保障部、商务部等负责，列第一位者为牵头部门，下同）。下设强化创业创新支撑、积极发展众创空间和发展开放式创新三项具体行动任务。

第二，互联网+协同制造——推动互联网与制造业融合，提升制造业数字化、网络化、智能化水平，加强产业链协作，发展基于互联网的协同制造新模式。在重点领域推进智能制造、大规模个性化定制、网络化协同制造和服务型制造，打造一批网络化协同制造公共服务平台，加快形成制造业网络化产业生态体系（工业和信息化部、发展改革委、科技部共同牵头）。下设大力发展智能制造、发展大规模个性化定制、提升网络化协同制造水平和加速制造业服务化转型四项具体任务。

第三，互联网+现代农业——利用互联网提升农业生产、经营、管理和服务水平，培育一批网络化、智能化、精细化的现代"种养加"生态农业新模式，形成示范带动效应，加快完善新型农业生产经营体系，培育多样化农业互联网管理服务模式，逐步建立农副产品、农资质量安全追溯体系，促进农业现代化水平明显提升（农业部、发展改革委、科技部、商务部、质检总局、食品药品监管总局、林业局等负责）。下设构建新型农业生产经营体系、发展精准化生产方式、提升网络化服务水平和完善农副产品质量安全追溯体系四项具体任务。

第四，"互联网+"智慧能源——通过互联网促进能源系统扁平化，推进能源生产与消费模式革命，提高能源利用效率，推动节能减排。加强分布式能源网络建设，提高可再生能源占比，促进能源利用结构优化。加快发电设施、用电设施和电网智能化改造，提高电力系统的安全性、稳定性和可靠性（能源局、发展改革委、工业和信息化部等负责）。下设推进能源生产智能化、建设分布式能源网络、探索能源消费新模式、发展基于电网的通信设施和新型业务四项具体任务。

第五，"互联网+"普惠金融——促进互联网金融健康发展，全面提升互联网金融服务能力和普惠水平，鼓励互联网与银行、证券、保险、基金的融合创新，为大众提供丰富、安全、便捷的金融产品和服务，更好满足不同层次实体经济的投融资需求，培育一批具有行业影响力的互联网金融创新型企业（人民银行、银监会、证监会、保监会、发展改革委、工业和信息化部、网信办等负责）。下设探索推进互联网金融云服务平台建设、鼓励金融机构利用互联网拓宽服务覆盖面和积极拓展互联网金融服务创新的深度和广度三项具体任务。

第六，"互联网+"益民服务——充分发挥互联网的高效、便捷优势，提高资源利用效率，降低服务消费成本。大力发展以互联网为载体、线上线下互动的新兴消费，加快发展基于互联网的医疗、健康、养老、教育、旅游、社会保障等新兴服务，创新政府服务模式，提升政府科学决策能力和管理水平（发展改革委、教育部、工业和信息化部、民政部、人力资源社会保障部、商务部、卫生计生委、质检总局、食品药品监管总局、林业局、旅游局、网信办、信访局等负责）。下设创新政府网络化管理和服务、发展便民服务新业态、推广在线医疗卫生新模式、促进智慧健康养老产业发展和探索新型教育服务供给方式五项具体任务。

第七，"互联网+"高效物流——加快建设跨行业、跨区域的物流信息服务平台，提高物流供需信息对接和使用效率。鼓励大数据、云计算在物流领域的应用，建设智能仓储体系，优化物流运作流程，提升物流仓储的自动化、智能化水平和运转效率，降低物流成本（发展改革委、商务部、交通运输部、网信办等负责）。下设构建物流信息共享互通体系、建设深度感知智能仓储系统和完善智能物流配送调配体系三项具体任务。

第八，"互联网+"电子商务——巩固和增强我国电子商务发展领先优势，大力发展农村电商、行业电商和跨境电商，进一步扩大电子商务发展空间。电子商务与其他产业的融合不断深化，网络化生产、流通、消费更加普及，标准规范、公共服务等支撑环境基本完善（发展改革委、商务部、工业和信息化部、交通运输部、农业部、海关总署、税务总局、质检总局、网信办等负责）。下设积极发展农村电子商务、大力发展行业电子商务、推动电子商务应用创新和加强电子商务国际合作四项具体任务。

第九，"互联网+"便捷交通——加快互联网与交通运输领域的深度融合，通过基础设施、运输工具、运行信息等互联网化，推进基于互联网平台的便捷化交通运输服务发展，显著提高交通运输资源利用效率和管理精细化水平，全面提升交通运输行业服务品质和科学治理能力（发展改革委、交通运输部共同牵头）。下设提升交通运输服务品质、推进交通运输资源在线集成和增强交通运输科学治理能力三项具体任务。

第十，"互联网+"绿色生态——推动互联网与生态文明建设深度融合，完善污染物监测及信息发布系统，形成覆盖主要生态要素的资源环境承载能力动态监测网络，实现生态环境数据互联互通和开放共享。充分发挥互联网在逆向物流回收体系中的平台作用，促进再生资源交易利用便捷化、互动化、透明化，促进生产生活方式绿色化（发展改革委、环境保护部、商务部、林业局等负责）。下设加强资源环境动态监测、大力发展智慧环保、完善废旧资源回收利用体系和建立废弃物在线交易系统等四项具体任务。

第十一，"互联网+"人工智能——依托互联网平台提供人工智能公共创新服务，加快人工智能核心技术突破，促进人工智能在智能家居、智能终端、智能汽车、机器人等领域的推广应用，培育若干引领全球人工智能发展的骨干企业和创新团队，形成创新活跃、开放合作、协同发展的产业生态（发展改革委、科技部、工业和信息化部、网信办等负责）。下设培育发展人工智能新兴产业、推进重点领域智能产品创新和提升终端产品智能化水平三项具体任务。

最后，提出了"互联网+"行动夯实发展基础、强化创新驱动、营造宽松环境、拓展海外合作、加强智力建设、加强引导支持和做好组织实施七方面保障支撑方向，及其具体措施和归口管理负责部门。

这是推动互联网由消费领域向生产领域拓展，加速提升产业发展水平，增强各行业创新能力，构筑经济社会发展新优势和新动能的重要举措；更是由工业 4.0 与中国制造 2025 全球第四次以科技革命为基础的工业革命带动下，互联网线上线下全面融合，形成人类经济社会实体与虚拟活动两位一体，产生共体同畴实景空间的信息社会的客观自然需要和要求；是科技成果转化行业从业者在"十三五"或更长发展时期里的产业发展大纲与创新主体方向内容。

② 2015 年 6 月 12 日，四川省人民政府办公厅，川办发（2015）55 号文，颁发了《关于印发四川省 2015 年"互联网+"重点工作方案的通知》。

本文件是为加快推进"互联网+"尽快形成四川省经济增长新动力，由四川省人民政府提出来的四川省 2015 年"互联网+"重点工作方案。本工作方案分别就四川省经济和信息化委员会牵头负责的"互联网+"制造，四川省农业厅牵头负责的"互联网+"农业，四川省能源局牵头负责的"互联网+"能源，四川省人民政府金融办牵头负责的"互联网+"金融，四川省教育厅、四川省卫生计生委员会和四川省住房城乡建设厅联合牵头负责的"互联网+"民生服务，四川省商务厅牵头负责的"互联网+"电子商务，四川省口岸物流办牵头负责的"互联网+"物流，四川省交通运输厅牵头负责的"互联网+"交通，四川省文化厅牵头负责的"互联网+"文化，四川省旅游局牵头负责的"互联网+"旅游，四川省科技厅牵头负责的"互联网+"创新创业，四川省人民政府办公厅与四川省发展和改革委员会牵头负责的"互联网+"政务，以及四川省发展和改革委员会、四川省通信管理局和四川省经济和信息化委员会联合牵头负责夯实"互联网+"产业发展基础十三个重点工作及下属的五十一项工作任务，进行了具体明确的任务部署与归口负责部门落实。本文件是科技成果转化行业从业者寻找具体相关政府归口部门及管理工作人员的指南针和方位图，也是其进行企业科技成果转化与经营管理，选择确定互联网创新技术领域及产业结合方向必须运用的国家战略规划。

③ 2015 年 8 月 19 日，李克强总理主持国务院常务会议审议通过了《关于促进大数据发展的行动纲要》（此文件同正在研究制定的"十三五"规划里有关大数据发展编制内容一样，有待于我们在以后用本书的一些学习掌握政策的理念思维与方式方法，去理解领悟和解读运用）。

本次会议提到，推动政府信息系统和公共数据互联共享，消除信息孤岛，加快整合各类政府信息平台，避免重复建设和数据"打架"。同时提出，引导支持大数据产业发展，以企业为主体、以市场为导向，加大政策支持。

本次会议指出，开发应用好大数据这一基础性战略资源，有利于推动大众创业、万众创新，改造升级传统产业，培育经济发展新引擎和国际竞争新优势。其意义在于，一方面成为各级政府简政放权，建设服务型政府的必要路径；另一方面也是地方培育新经济的抓手。

本次会议明确了发展大数据产业，即大数据的商业化应用。对于拥有大量数据的政府来说，数据公开将释放出万亿级的社会及商业价值。这对于科技成果转化行业从业者无论是投身"大众创业、万众创新"活动，还是寻找"互联网+"发展商机和新兴市场，都具有重大深远的意义。

此前有地方发改委主任接受采访时表示，随着工业 4.0 和互联网+的发展落地，生产生活每一秒都会产生大量的数据，未来大数据产业的发展将不可估量。地方大数据应用还未激活，但各地要对大数据产业做好提前布局和招商。

本次会议再次强调，要顺应潮流引导支持大数据产业发展，以企业为主体、以市场为导向，加大政策支持，着力营造宽松公平环境，建立市场化应用机制，深化大数据在各行业创新应用，形成与需求紧密结合的大数据产品体系。国家层面关于数据开放的相关政策和标准，正在逐步具体化、清晰化。

据了解，国内已经有企业和地方政府谈合作。或以与地方政府成立合资公司的形式，作为第三方服务机构，为政府做数据服务。

以四川省生产力促进中心为代表的生产力促进中心系统，仅以此项业务拓展与市场开发而言，利用可遇不可求的机构发展沿革，带来的最佳国家科技行政管理改革配合者和同盟军身份，及创占行业制高点天时地利人和的绝对天然优势，顺理成章地成为科技成果转化专业服务商，轻松自然就可以享受巨大的改革红利和商业利益。这是生产力促进系统早已显而易见且令人羡慕无比的时代机遇事实与现实发展要求。

可以说，这个时代和这个民族，以及这届政府将社会经济发展的希望重任寄予了所有科技成果转化行业从业者。过去和现在，以及将来都以贯彻落实促进科技成果转化成现实生产力为机构设计功能与职责使命的生产力促进中心系统的全体同仁们，真是天降发展奇缘良机与时代使命和历史重任也！

（四）全面深化改革类重大文件系列整理归类与运用解读

此类政策文件与上述三大类政策文件不同在于，如若按政策性质划分，上面关于科技成果转化、创新驱动发展战略和国家产业政策三个"准科技企业家时代"基本政策线索，属于科技成果转化行业对象性质的政策文件，而全面深化改革系列文件则是关于科技成果转化行业环境运行与主体劳动者性质的政策文件；若按政策领域划分，科技成果转化、创新驱动发展战略和国家产业政策三个政策体系，主要着力于科技成果转化主体子系统，而全面深化改革系列文件，则主要着力于科技成果转化支持子系统和中介子系统，甚至作用于科技成果转化宏观调控子系统以及科技成果转化政策环境子系统本身。

国家政府在实施创新驱动发展战略全面深化改革初期，以及"十三五"开局之年前夕，采取了一系列重大全面深化改革举措，旨在"'十三五'准科技企业家时代"，为科技企业家时代的到来营造良好法律政策制度环境基础条件。这不仅直接深刻触动影响着每一位科技成果转化行业从业者的切身利益与工作环境条件，而且，也强制地要求我们必须遵照这些全面深化改革的政策去适应调整，以抓住历史与国家、民族赋予我们的时代机遇，实现"三合一"中国梦，同创共享国强民富已发展的科技企业家时代。因此，在这里将全面深化改革政策文件专门加以分类表述解读。

（1）2015年1月3日，国务院，国发（2014）64号文，颁布了《国务院印发关于深化中央财政科技计划（专项、基金等）管理改革方案的通知》。

本文件是为深入贯彻党的十八大和十八届二中、三中、四中全会精神，落实党中央、国务院决策部署，加快实施创新驱动发展战略，按照深化科技体制改革、财税体制改革的总体要求和《中共中央 国务院关于深化科技体制改革加快国家创新体系建设的意见》《国务院关于改进加强中央财政科研项目和资金管理的若干意见》精神制定的深化中央财政科技计划（专项、基金等）管理改革方案。

科技计划（专项、基金等）是政府支持科技创新活动的重要方式。改革开放以来，我国先后设立了一批科技计划（专项、基金等），为增强国家科技实力、提高综合竞争力、支撑引领经济社会发展发挥了重要作用。但是，由于顶层设计、统筹协调、分类资助方式不够完善，现有各类科技计划（专项、基金等）存在着重复、分散、封闭、低效等现象，多头申报项目、资源配置"碎片化"等问题突出，不能完全适应实施创新驱动发展战略的要求。当前，全球科技革命和产业变革日益兴起，世界各主要国家都在调整完善科技创新战略和政策，我们必须立足国情，借鉴发达国家经验，通过深化改革着力解决存在的突出问题，推动以科技创新为核心的全面创新，尽快缩小我国与发达国家之间的差距。

第一，本文件提出深化中央财政科技计划（专项、基金等）管理改革方案的总体目标是，强化顶层设计，打破条块分割，改革管理体制，统筹科技资源。改革的具体措施是，加强部门功能性分工，建立公开统一的国家科技管理平台，构建总体布局合理、功能定位清晰、具有中国特色的科技计划（专项、基金等）体系；建立目标明确和绩效导向的管理制度，形成职责规范、科学高效、公开透明的组织管理机制；更加聚焦国家目标，更加符合科技创新规律，更加高效配置科技资源；更加强化科技与经济紧密结合，最大限度地激发科研人员创新热情；充分发挥科技计划（专项、基金等）在提高社会生产力、增强综合国力、提升国际竞争力和保障国家安全中的战略支撑作用。同时，提出了转变政府科技管理职能、聚焦国家重大战略任务、促进科技与经济深度融合、明晰政府与市场的关系和坚持公开透明和社会监督五项基本原则。

第二，本文件提出了通过建立部际联席会议制度、依托专业机构管理项目、发挥战略咨询与综合评审委员会的作用、建立统一的评估和监管机制、建立动态调整机制和完善国家科技管理信息系统六项方式方法，建立公开统一的国家科技管理平台。

第三，本文件根据国家战略需求、政府科技管理职能和科技创新规律，将中央各部门管理的科技计划（专项、基金等）整合形成国家自然科学基金、国家科技重大专项、国家重点研发计划、技术创新引导专项（基金）和基地和人才专项五类科技计划（专项、基金等），优化科技计划（专项、基金等）布局。

第四，本文件提出本次优化整合工作针对所有实行公开竞争方式的科技计划（专项、基金等），不包括对中央级科研机构和高校实行稳定支持的专项资金。通过撤、并、转等方式按照新的五个类别对现有科技计划（专项、基金等）进行整合，大幅减少科技计划（专项、基金等）数量的工作要求与具体部署。

第五，本文件对此项改革工作按优化整合工作按照整体设计、试点先行、逐步推进的开展原则，明确完成目标时间点，具体如下：

2014 年，启动国家科技管理平台建设，初步建成中央财政科研项目数据库，基本建成国家科技报告系统。在完善跨部门查重机制的基础上，选择若干具备条件的科技计划（专项、基金等）按照新的五个类别进行优化整合。并在关系国计民生和未来发展的重点领域先行组织 5~10 个重点专项进行试点，在 2015 年财政预算中体现。

2015—2016 年，按照创新驱动发展战略顶层设计的要求和"十三五"科技发展的重点任务，推进各类科技计划（专项、基金等）的优化整合。对原由国务院批准设立的科技计划（专项、资金等），报经国务院批准后实施，基本完成科技计划（专项、基金等）按照新的五个类别进行优化整合的工作，改革形成新的管理机制和组织实施方式。基本建成公开统一的国家科技管理平台，实现科技计划（专项、基金等）安排和预算配置的统筹协调。建成统一的国家科技管理信息系统，向社会开放。

2017 年，经过三年的改革过渡期，全面按照优化整合后的五类科技计划（专项、基金等）运行，不再保留优化整合之前的科技计划（专项、基金等）经费渠道。并在实践中不断深化改革，修订或制定科技计划（专项、基金等）和资金管理制度，营造良好的创新环境。各项目承担单位和专业机构建立健全内控制度，依法合规开展科研活动和管理业务。

中央财政科技计划（专项、基金等）管理改革与"大众创业、万众创新"活动，从理顺科技成果转化政策环境子系统入手，极大推进了科技成果转化支持、中介与宏观调控子系统，乃至科技成果转化整体系统科技企业家时代特色建设，奠定了科技成果转化行业职业化与专业化发展的政策环境核心基础。本文件不仅是科技成果转化行业从业者以后申报参与中央财政科技计划项目的新的基础性政策文件，也是国家科技行政管理部门与中介机构，特别是生产力促进中心系统，转轨变型成为执行中央财政科技计划（专项、基金等）项目专门机构的核心政策文件。

（2）国家行政管理部门职责分工与重点工作任务政策文件集

① 2015 年 5 月 4 日，四川省科技厅，印发了《关于做好 2015 年科技创新体制改革工作的意见》。

② 2014 年，国务院，国发〔2014〕15 号，印发了《国务院关于落实〈政府工作报告〉重点工作部门分工的意见》。

上述两个文件，前者是为深入贯彻落实中共中央国务院《关于深化体制机制改革加快实施创新驱动发展战略的若干意见》和四川省委关于全面深化改革的决策部署，扎实推进实施《四川省委十届四次全会重要改革举措实施规划（2014—2020 年），确保科技创新体制改革取得预期成效，就做好 2015 年度改革工作，提出的工作部署意见。

我们通过本文件对做好 2015 年科技创新体制改革工作需完成的主要任务分工目标及牵头负责处室逐项具体明确落实条文，了解掌握了四川省科技行政管理主管部门——四川省科技厅各职能处室，及其所负责的 2015 年科技创新体制改革工作任务。对全省科技工作内容与相应具体行政管理部门有了明确认识，以利协同互动开展科技成果转化工作。

后者文件是国务院关于政府工作任务重点工作部门分工意见，体现了国家级各行政管理职能部门的职责和任务分工，与前者构成不同级别，分属中央政府和地方政府职责部门职责任务明确了解的政策文件。

两个文件都在后面科技企业家之盟主题里，结合政府机构与职能处室了解作了具体介绍，在此不再重复。

两个文件既是中央政府与地方政府各职能部门职责功能与工作任务书，也是科技成果转化行业从业者进行相关科技创新业务对接国家科技行政管理部门工作的具体指南。两个文件是主动践行"三合一"实现中国梦理念思维模式，按人头管理理论进行部门任务与工作人员具体对接的联络单，是中央政府与地方政府科技创新体制改革战役各个阵地指挥部及战斗任务军事布置图。需要科技成果转化行业从业者了解掌握，更需要顺应改革转轨变型的科研企事业和中介机构学习领会这两份文件，以利通过国家智慧与公共资源利用，寻找单位创新改革方向与新兴市场，更科学精确进行上符国策，下合己能的发展定位和商机挖掘。

（3）关于人事制度改革与人才鼓励政策集

通过以下并不完整的相关文件列举，重点在于使读者明白自己生活在国家大力鼓励支持全民创新创业，已无任何障碍风险且可以名利兼得，有最好的发展环境成为科技企业家的科技企业家时代。这个时代给予了我们报国兴邦成为社会精英与民族英雄的机遇，也给了我们用知识技能赚钱发大家，做有知识有文化有钱有地位的科技企业家机会。特别是过去在体制内有本事有能耐的科技和管理人才，完全可以不用再感叹知识金钱不能两得，国家任务与职业理想、个人愿景有冲突，依法依规正正当当地投身科技成果转化行业，在建设国强民富己发展的创新型国家中报国爱家安己三统一，何乐而不为之！

①《关于印发〈培育企业创新主体专项改革方案〉和〈激励科技人员创新创业专项改革方案〉的通知》，川委厅（2014）16 号文，中共四川省委办公厅与四川省人民政府办公室厅联合颁发。

②《四川省科技厅关于建立和完善风险投资机制鼓励人才创新创业的意见》。

第十四章　科技企业家时代的中国梦

中国梦的核心目标可以概括为"两个一百年"的目标，也就是：到 2021 年中国共产党成立 100 周年和 2049 年中华人民共和国成立 100 周年时，逐步并最终顺利实现中华民族的伟大复兴，具体表现是国家富强、民族振兴、人民幸福，实现途径是走中国特色的社会主义道路、坚持中国特色社会主义理论体系、弘扬民族精神、凝聚中国力量，实施手段是政治、经济、文化、社会、生态文明五位一体建设。

一、中国梦

笔者秉持人头管理理论凡事落实在具体人头之法则，不说空话，不做虚事，以具体鲜活之人说其真实客观之事，运用其事物人脉图绘制法原理，展示解读以习近平总书记为首的党中央和当届中央领导集体提出并带领全国人民践行"中国梦"的基本概念、特色思路和实现理念、路径，以期对接之前本书内容的学习。

读者可以通过本书学习，提出自我命题，运用网络信息渠道平台自学成才，完成各种问题解答与知识技能学习掌握，去对照阅读本书的相应概念观点，形成对中国梦的自我认知理解与实施思路、理念思维，用自我思想认识与思维观点，看有没有情不自禁拍案叫绝的共鸣之处。希望读者通过对本章节的阅读理解，并结合自己的实际工作与生活经验判断认知以下几方面问题：一是根据独立客观、发自内心的体验感受判断，本书所描述的中国梦是否与习总书记提出的中国梦从概念到思维乃至实现的观点、措施、路径对接一致，是否体现了"顶层设计与基层首创完美结合模式"？二是根据自己作为中国人，将个人的中国梦对照党和政府提出的中国梦，感受判断自己的中国梦与国家的中国梦是否互动统一，是否做到了与党中央和国家政府保持了高度思想认识与理念行为上的协调一致？三是本书中国梦的描述，是否有利于您从不同角度与层面加深对国家的、集体的与个人的中国梦的科学正确认识，还是混淆迷惑或糊涂误导了你对中国梦的认知与践行？读者能否如笔者一样，每每看到党与政府有关创新创业和科技成果转化相关政策文件出台，细细阅读理解领悟都会产生发自内心真诚的"及时雨"和妙不可言、默契十足的心灵感受。读者可以真真切切体会到自己作为一名普通中国人和合格科技成果转化行业从业者，感恩时代与国家让自己作为中国梦的营造者和实现者，恰逢其会，天遂人愿，活在当下最适合最需要自己，可以让自己同全国人民一到创造历史、成就未来、满足自我的好时代。倘若，读者通过本书阅读，仿佛有正实实在在乘坐在一条与人民同呼吸共命运值得信赖且英明高超的船长领航掌舵，扬帆起航高歌猛进奔向那国家富强、民族振兴、人民幸福无比美丽和谐的"三合一"理想之国的"中国梦想号"时代邮轮上的感觉，真正激发起自己相信党与政府，同心同德，同路同行实现中国梦的万丈豪情和坚定理念，以对社会主义核心价值观透彻坚定认可，真正感知认为中国梦就是自己对美好生活的期盼与国强民富己发展的希望，拥有实现国家的、集体的与个人"三合一"中国梦的高度自觉性、主动性与能动性，实实在在、真真切切树立与践行"三合一"中国梦及其"三合一"实现的理念思维与行为规范模式，自觉自愿站在科学有效建设创新型国家主力军队伍行列里，真正成为有共同梦想与共同努力的 14 亿中国人民一分子。

（一）"中国梦"产生发展过程

1. 中国梦的概念

国家的中国梦——是中国共产党第十八次全国代表大会召开以来，习近平总书记所提出的重要指导思想和重要执政理念，是以习总书记为核心的党中央与当届中央政府领导集体共同的治国理政目标，也是举国上下 14 亿中国人民的共同梦想。习总书记把"国家的中国梦"定义为"实现中华民族伟大复兴，就是中华民族近代以来最伟大梦想"。并且表示这个梦"一定能实现"。"国家的中国梦"的核心目标可以概括为"两个一百年"的目标，也就是：到 2021 年中国共产党成立100 周年和 2049 年中华人民共和国成立 100 周年时，逐步并最终顺利实现中华民族的伟大复兴。具体表现是国家富强、民族振兴、人民幸福。

2. 中国梦的由来

2012 年 11 月 29 日，在国家博物馆，中共中央总书记习近平在参观"复兴之路"展览时，第一次阐释了"中国梦"的概念。他说："大家都在讨论中国梦。我认为，实现中华民族伟大复兴，就是中华民族近代以来最伟大的梦想。"习总书记说道：到中国共产党成立 100 年时全面建成小康社会的目标一定能实现，到新中国成立 100 年时建成富强民主文明和谐的社会主义现代化国家的目标一定能实现，中华民族伟大复兴的梦想一定能实现。

2013 年 3 月 17 日，中国新任国家主席习近平在十二届全国人大一次会议闭幕会上，向全国人大代表发表自己的就任宣言。在将近 25 分钟的讲话中，习近平 9次提及"中国梦"，44 次提到"人民"，共获得了 10 余次掌声，有关"中国梦"的论述更一度被掌声打断。

3. 中国梦的特色

中国梦的最大特点就是把国家、民族和个人作为一个命运的共同体，把国家利益、民族利益和每个人的具体利益都紧紧地联系在一起，体现为国家任务、职业理想与个人愿景"三合一"的中国梦实现国家的、集体的与个人的中国梦的时代理念思维与行为规范模式和时代发展优势特色。

4. 中国梦的实现途径与实施手段

（1）中国梦的实现途径是，走中国特色的社会主义道路、坚持中国特色社会主义理论体系、弘扬民族精神和凝聚中国力量。

（2）中国梦的实施手段是，政治、经济、文化、社会、生态文明五位一体建设。

5. 中国梦的发展历程

实现中华民族伟大复兴的"中国梦"，是随着另一场梦的破碎产生的：长期以来，中华文明以其独有的特色和辉煌走在了世界文明发展的前列，为世界文明进步作出过巨大的贡献。然而，随着资本主义生产方式的兴起，以及近代工业革命脚步的加快，中国很快落伍了。故步自封的封建统治者仍然沉浸在往日的辉煌所造就的梦想之中，等待着"万国来仪"。不料，等来的却是西方列强的船坚炮利，等来的却是亡国灭顶之灾。

在唤醒中华民族萌发出中国梦的过程中，无数仁人志士屡踣屡起，不懈探索奋斗。然而真正把中国人民和中华民族带上实现"中国梦"的人间正道的是中国共产党。

中国共产党自 1921 年诞生之日起，就在华夏大地掀起了一场前所未有的彻底反帝反封建的新民主主义革命。在这场史无前例的伟大革命中，中国共产党从蹒跚学步的幼年迅速成长起来，经历过一次又一次血与火的考验。从大革命失败的血雨腥风到井冈山的星火燎原，从第五次反"围剿"失败到经过万里长征后在抗日烽火中再起，从奋起反击国民党军的全面内战到五星红旗在天安门广场冉冉升起，正可谓"雄关漫道真如铁，而今迈步从头越"！

从 1840 年起，中华民族为实现中国梦，整整走过了 109 年，才迈出了赢得民族独立、人民解放的第一步。在这一百余年的前 80 年间，中国人民始终在黑暗中探索。只有中国共产党的诞生和奋斗，才把中国从黑暗引向了光明。在整个中国革命中，中国共产党为了实现"中国梦"牺牲了数百万优秀党员，中华民族牺牲了上千万英雄儿女，英烈们的鲜血染红了五星红旗。对于这段历史、对于为这段历史而献身的先烈，中国人要永远铭记。

新中国成立伊始，毛泽东同志等老一辈革命家就带领中国共产党和全国各族人民，为建设一个繁荣昌盛、各族人民当家做主的社会主义现代化国家而奋斗。

建立起具有中国自己特点、适合中国国情的社会主义根本制度。首先建立起来的，是以工人阶级为领导、工农联盟为基础、最广泛的人民民主统一战线为纽带的人民民主专政的国体。这一国体的建立，使新中国有可能在对极少数敌对势力实行专政的同时，在人民内部实行最广泛的民主。在此基础上，逐步建立了人民代表大会这一根本政治制度和中国共产党领导的多党合作和政治协商制度、民族区域自治制度，以及以公有制为主体的社会主义经济制度。

然而，探索的道路并不平坦。在一个经济文化落后的东方大国实行彻底的民主革命并取得胜利固然不易，在这样的大国穷国中建设社会主义现代化国家更是一件前无古人的伟业。实现伟大的梦想，想要一帆风顺，没有牺牲，不付出代价，是难以想象的。"大跃进"和"文化大革命"的发生，就是这样的沉痛教训。

同历次犯错误一样，从失误中警醒，并以对人民、对历史高度负责的态度彻底纠正错误的，不是别人，而是中国共产党。

党的十一届三中全会以来，邓小平同志一方面坚持和发展毛泽东思想，实事求是地纠正毛泽东晚年所犯错误，充分肯定毛泽东同志的历史地位和伟大功绩，另一方面应对新问题、解决新问题，开创了改革开放和中国特色社会主义事业。改革开放极大地改变了中国的面貌，在华夏大地再一次掀起了一场前所未有的深刻革命，极大地解放和发展了社会生产力，创造出令世人惊叹的中国奇迹。

中国人民建立和完善了社会主义市场经济，极大地解放和发展了社会生产力，形成公有制为主体、多种所有制经济共同发展的基本经济制度新格局。经济总量跃居世界第二位，人民生活水平实现从温饱到总体小康的历史性跨越。

中国特色社会主义建设，随着道路的拓展、理论的创新不断向前发展，总体布局从经济建设、政治建设、文化建设三位一体发展为四位一体，又发展为经济、政治、文化、社会、生态文明建设五位一体。中国特色社会主义道路越走越宽广。

改革开放新时期全部成就归结到一点，就是开辟中国特色社会主义道路，形成中国特色社会主义理论体系，确立中国特色社会主义制度。它们"三位一体"，分别以实现途径、行动指南、根本保障共同支撑着中国特色社会主义伟大实践，形成了最鲜明的中国特色、中国经验。有了道路、理论、制度支撑的"中国梦"距离我们不再遥远，它是必定实现的美好未来。

从新中国成立之日起，我们正在为实现"中国梦"经历着第二个 100 年。在这第二个 100 年，我们经历过近 30 年的建设、探索与曲折，以党的十一届三中全会为起点，走上了中国特色社会主义康庄大道。在我们的前面，还有 35 年的新征程，将要达到两个 100 年的奋斗目标，即在中国共产党成立 100 年时全面建成小康社会，在新中国成立 100 年时建成富强民主文明和谐的社会主义现代化国家。

6. "四个全面"战略更完整地体现了党中央与中央政府治国理政实现中国梦的总体框架，是实现中国梦的路径、手段的进一步完善。

"四个全面"战略布局的提出，更完整地展现出以习总书记为首的党中央领导和中央政府集体治国理政总体框架。使当前和今后一个时期，党和国家各项工作关键环节、重点领域、主攻方向更加清晰，内在逻辑更加严密。这对实现中国梦无疑是一个更大的促进推动与完善保障。

（1）"四个全面"战略概念

以习近平同志为总书记的党中央和以李克强同志为总理的中央政府领导集体，在十八大提出中国梦两年多来，依据十八大的战略部署和全面发展面临的主要矛盾，以努力实现"两个一百年"的中国梦为奋斗目标，又作出了协调推进"四个全面"战略的部署——这就是"全面建成小康社会、全面深化改革、全面依法治国、全面从严治党"。"四个全面"战略渐次展开、相互配合、形成合力，从而展现出了党中央和中央政府治国理政实现中国梦的系统逻辑和主线轨迹。

（2）"四个全面"提出背景

党的十八大以来，以习近平同志为总书记的党中央，紧紧围绕坚持和发展中国特色社会主义，实现中国梦这个主题，带领全党全国各族人民励精图治、攻坚克难，改革发展各项事业取得重大成就。开创崭新局面，得到广大干部群众衷心拥护和国际社会高度评价。

2014 年 11 月，习近平到福建考察调研时提出了"协调推进全面建成小康社会、全面深化改革、全面推进依法治国进程"的"三个全面"。

2014 年 12 月在江苏调研时则将"三个全面"上升到了"四个全面"，要"协调推进全面建成小康社会、全面深化改革、全面推进依法治国、全面从严治党，推动改革开放和社会主义现代化建设迈上新台阶"，新增了"全面从严治党"。

（3）"四个全面"逻辑关系学习解读

颜晓峰先生从以下三个方面科学深刻论述了如何领会"四个全面"精神实质：

① 深入领会"四个全面"的实践基础——"四个全面"的提出，不是从书本上抄来的，不是头脑中先验的构想，而是来自于新形势下我国发展的实践要求，依据于当前党和国家事业发展中必须解决好的主要矛盾。一是要解决好发展不平衡不协调的突出矛盾，把全面建成小康社会作为目标牵引；二是要解决好发展的深层次矛盾特别是利益固化问题，把全面深化改革作为动力机制；三是要解决好治理方式不相适应、人治传统根子很深的现实矛盾，把全面依法治国作为路径选择；四是要解决好"四风"泛滥、腐败严重的紧迫问题，把全面从严治党作为全局枢纽。这些矛盾总起来说，就是实现中国梦民族复兴目标与前进道路障碍的矛盾。"四个全面"的提出，基于矛盾的逻辑、问题的逻辑、实践的逻辑。清醒认识主要矛盾，才有"四个全面"战略部署的集中推出、"四个全面"战略布局的步步构建。准确把握主要矛盾，就能对"四个全面"的现实根据有充分的理解，从而进一步认识到"四个全面"是新形势下推进党和国家事业发展的科学纲领。

② 深入领会"四个全面"的基本要义——"四个全面"的基本思想，已存在于中国特色社会主义理论体系之中，存在于十八大精神之中。同时，"四个全面"包含着新的重要内涵，也就是把发展目标、发展动力、发展方式、发展保证综合一体，拎起了全面建设、创新发展的纲，凸显了开创未来的新视野新高度。以一种新概括表述十八大以来党中央治国理政的战略筹划，描绘了习近平总书记系列重要讲话的主要轮廓，展现了统筹全局的新思路新方式。"四个全面"的显著特征是全面推进。当代中国发展的系统性耦合性更为增强，国家总体与各个领域都是如此。因此，每个方面都要注重全面性，"四个全面"的整合又构成了"一个全面"，即全面推进中国特色社会主义新发展。"四个全面"的鲜明风格是攻坚克难。无论是全面小康、深化改革，还是依法治国、从严治党，既是重点也是难点，既是关键也是瓶颈，必须不回避、不畏惧，动真格、见实效。要以"四个全面"为

基本线索，深入学习习近平总书记的一系列重要论述，掌握包含其中的"四个全面"丰富而深刻的思想内涵，领会"四个全面"蕴含的思想方法、领导艺术和精神风范。

③ 深入领会"四个全面"的系统逻辑——"四个全面"自身构成一个体系，这就是"一个目标系统、三个支撑系统"：全面小康是目标系统，动力系统、治理系统、领导系统是支撑系统。"四个全面"与建设中国特色社会主义大系统紧密相连，是总布局与总方略、社会结构与社会动力、现代化道路与中国道路、制度建设与政党建设、治党治国与强军兴军的有机统一。"四个全面"在习近平总书记系列重要讲话中既是组成部分，又是主体框架，起着提纲挈领的作用。"四个全面"是发展中国特色社会主义的重要理论与实践创新，其理论和实践价值，将随着思想的深化、实践的拓展而更加彰显。"四个全面"是坚持问题导向的成果，不是一个完成的封闭的体系，还会在回应和解决新的矛盾问题过程中，产生新思想、形成新表述、引领新实践。

（二）"中国梦"的梦景展现

"中国梦"具体准确描述并且其梦景科学合理，可执行实施，最权威、最地道、最直接的应该就是国家国民经济与社会发展五年规划为核心的系列规划性文献。但因为国家"十三五"规划还在研究编制过程中，发表尚需一段时间，与本书研究写作出版发行的时间表稍有错位。所以，本书就以当前国家发布的系列诸如"四个全面"战略，创新驱动发展战略，还有中国制造2025和互联网+等产业战略性文件，以及习总书记描述的清晰具象的中国梦景为依据，将其中的战略目标与愿景加以归纳总结，形成国家政策定义与战略规划的未来科技企业家时代强盛先进、美好和谐的创新型国家样子。

本书通过对习总书记提出的中国梦及国家与此相关系列文件解读，综合考量国家"两个一百年"及"十三五"规划等时间节点，以及科技成果转化行业发展相应的不同年代，并按整数时间调整，将中国梦划为两阶段，具体描绘国家层面的中国梦景。

"国家的中国梦"近景由建党100年及"十三五"规划描写，远景由新中国成立100年及创新型国家建设描绘。

1. 2020之梦

"准科技企业家时代"国家的中国梦——就是中国在2020年，国民经济与社会发展"十三五"规划执行完毕，中国共产党成立100周年到来之际，全面建成小康社会，并准备好建设创新型国家的一切法律制度环境和资源、人力条件。

（1）党的三届代表大会渐次逐步提出完善了从建设到建成的2020年中国梦

① 2002年，党的十六大报告就提出，从2001年到2020年，用20年的时间，全面建设惠及十几亿人口的更高水平的小康社会。这是实现现代化建设第三步战略目标必经的承上启下的阶段，也是完善社会主义市场经济体制和扩大对外开放

的关键阶段。

②党的十七大报告又进一步提出到2020年全面建设小康社会的新要求，从而有了更加清晰完整的2020年宏伟蓝图。

③党的十八大报告，根据我国经济社会发展实际和新的阶段性特征，在党的十六大、十七大确立的全面建设小康社会目标的基础上，提出了一些更具明确政策导向、更加针对发展难题、更好顺应人民意愿的新要求，以确保到2020年全面建成的小康社会。这个小康社会是发展改革成果真正惠及十几亿人口的小康社会，是经济、政治、文化、社会、生态文明全面发展的小康社会，是为实现社会主义现代化建设宏伟目标和中华民族伟大复兴奠定了坚实基础的小康社会。

根据中国特色社会主义五位一体总体布局，党的十八大报告从以下五方面充实和完善了全面建成小康社会的目标：

（a）经济建设——主要是六点要求：第一，转变经济发展方式取得重大进展；第二，在发展平衡性、协调性、可持续性明显增强的基础上实现两个"倍增"，即国内生产总值和城乡居民人均收入比2010年翻一番；第三，通过增强创新驱动发展新动力，使科技进步对经济增长的贡献率大幅上升，进入创新型国家行列；第四，通过构建现代产业发展新体系，促进工业化、信息化、城镇化、农业现代化同步发展，使工业化基本实现，信息化水平大幅提升，城镇化质量明显提高，农业现代化和社会主义新农村建设成效显著；第五，通过继续实施区域总体发展战略，充分发挥各地区比较优势，区域协调发展机制基本形成；第六，通过培育开放型经济发展新优势，使对外开放水平进一步提高，国际竞争力明显增强。

（b）民主政治——当前和今后一个时期，推进政治体制改革、加强政治建设。总的就是要在党的领导下，发展更加广泛、更加充分、更加健全的人民民主，使民主制度更加完善、民主形式更加丰富，人民积极性、主动性、创造性进一步发挥；更加注重发挥法治在国家和社会治理中的重要作用，维护国家法治的统一、尊严、权威，实现依法治国基本方略全面落实，法治政府基本建成，司法公信力不断提高，人权得到切实尊重和保障。

（c）文化建设——主要有四点要求：第一，社会主义核心价值体系是兴国之魂，决定中国特色社会主义发展方向，必须使之深入人心；第二，全面提高公民道德素质是社会主义道德建设的基本任务，必须坚持依法治国和以德治国相结合，使公民文明素质和社会文明程度明显提高；第三，让人民享有健康丰富的精神文化生活，是全面建设小康社会的重要内容，必须实现文化产品更加丰富，公共文化服务体系基本建成，文化产业成为国民经济支柱性产业；第四，文化越来越成为国际竞争力的重要元素，要不断增强中华文化国际影响力，必须使中华文化走出去，迈出更大步伐。

（d）社会发展——要做到，第一，基本公共服务均等化总体实现，这是人民生活水平全面、普遍提高的重要标志；第二，全民受教育程度和创新人才培育水平明显提高，进入人才强国和人力资源强国行列，教育现代化基本实现，这是实现人的全面发展的基础；第三，就业更加充分，这是民生之本得到保障的具体体现；第四，收入分配差距缩小，中等收入群体持续扩大，扶贫对象大幅减少，这是发展改革成果惠及全体人民的重要体现；第五，社会保障全民覆盖，人人享有基本医疗卫生服务，住房保障体系基本形成，这是实现老有所养、住有所居、病有所医的必然要求；第六，社会和谐稳定，这是人民安居乐业的必要前提。

（e）生态文明——资源节约型、环境友好型社会建设取得重大进展。一是优化国土开发格局，使主体功能区布局基本形成；二是全面促进资源节约，初步建成资源循环利用体系；三是加大生态环境保护力度，单位国内生产总值能源消耗和二氧化碳排放大幅下降，主要污染物排放总量显著减少；四是实施重大生态修复工程，实现森林覆盖率提高，生态系统稳定性增强，人居环境明显改善。

党的十六大以来，我国经济建设、政治建设、文化建设、社会建设、生态文明建设全面推进。我们成功地迈上了三个大的台阶，即社会生产力、经济实力、科技实力迈上一个大台阶；人民生活水平、居民收入水平、社会保障水平迈上一个大台阶；综合国力、国际竞争力、国际影响力迈上一个大台阶。全面建成小康社会的目标已经遥遥在望。只要我们奋勇攀登，奋力跨越，就能够实现全面建成小康社会的"中国梦"。

（2）理解掌握中国梦的建设与建成，以及全面建成小康社会的正确科学含义

① 从党的十七大提出的"全面建设小康社会"到党的十八大提出的"全面建成小康社会"，一字之差却寓意深刻，展现了中国共产党全面实现小康的信心和决心。由"建设"到"建成"，是党中央向全国人民做出的庄严承诺，是形成解决现实经济社会矛盾的倒逼机制。

② 党的十八大报告中，针对2020年全面建成小康社会的宏伟目标，首次提出"实现国内生产总值和城乡居民人均收入比2010年翻一番"的新指标。

经济发展目标不等同于全面建成小康社会目标。党的十八大提出了经济持续健康发展的经济建设目标。在这个目标体系下，具体提出了实现两个"倍增"的数量指标，即国内生产总值和城乡居民人均收入2020年比2010年翻一番。但全面建成小康社会是由五个目标体系组成的，除了经济建设目标之外，还包括人民民主不断扩大的政治建设目标、文化软实力显著增强的文化建设目标、人民生活水平全面提高的社会建设目标与资源节约型、环境友好型社会建设取得重大进展的生态文明建设目标。即使提前完成了经济建设这一重要目标，但也未必能够提前完成其他目标。

③ 全面建成小康社会，实现"准科技企业家时代"2020之梦的具体梦境。

全面建成小康社会具体包含了五个方面的目标，一是经济发展方式得到根本转变，建成世界经济强国；二是社会建设取得显著进展，建成社会主义和谐社会；三是政治文明建设取得重要进展，建成社会主义民主国家；四是文化建设大繁荣、

大发展，建成社会主义文化强国；五是生态文明建设进入新阶段，初步建成绿色中国。这些国家发展主要目标的实现，可以通过以下量化的经济社会发展主要指标体现，从而全面具体构筑成了全面建成小康社会，实现"准科技企业家时代"2020之梦的具体梦境。

④ 小康社会十项具体量化标准。

（a）人均国内生产总值超过3 000美元，这是全面建成小康社会的根本标志；

（b）城镇居民人均可支配收入1.8万元；

（c）农村居民家庭人均纯收入8000元；

（d）恩格尔系数低于40%；

（e）城镇人均住房建筑面积30平方米；

（f）城镇化率达到50%；

（g）居民家庭计算机普及率20%；

（h）大学入学率20%；

（i）每千人医生数2.8人；

（j）城镇居民最低生活保障率95%以上。

⑤ 全面建设小康社会指标体系。

"全面建设小康社会"这个命题，是在邓小平同志关于小康的一系列论述的基础上，总结中国现代化建设的经验，借用千百年来中国人民所熟悉的"小康"概念并赋予崭新的内涵，形成的一个与国际社会紧密联系，并能够衡量我国经济社会发展阶段、总体水平的科学概念。

党的十六大提出了要到2020年全面建设小康社会的奋斗目标。党的十七大强调继续加强中国特色社会主义经济建设、政治建设、文化建设、社会建设，在十六大确立目标的基础上，提出了实现全面建设小康社会奋斗目标的新要求。为了更好地度量全面建设小康社会实现程度，国家发展改革委小康项目课题组在把握全面建设小康社会内涵的基础上，研究提出了一套度量全面建设小康社会的指标体系和评价标准，对全面建设小康社会的进展情况进行评估。这也是联合国"支持中国全面建设小康社会"项目最重要的研究成果。

国家发改委小康项目课题组，选择了全面建设小康社会指标的五大类，50个指标构成指标体系总体框架。这五大类分别是经济发展、社会发展、人民生活、民主法制、资源环境。与国内其他指标体系相比，突出特点有以下几个：

（a）突出重视人民生活和健康。设计了传染病和艾滋病防治、孕妇和儿童死亡率等指标。设计食品安全、饮水安全、卫生厕所、生产安全等生活指标。

（b）突出了民主法制。如廉政建设、法律援助、慈善事业、民间组织发展等指标以反映政治建设和文化建设。

（c）突出反映社会公平。设计了社会服务、收入差距、区域差距等指标。

科技成果转化行业从业者了解学习掌握这些指标体系，不仅可以为自己的职业规划愿景提供基础环境数据和规划设计思路及方式方法，而且还可以在实际工作中，就区域科技创新驱动力或科技成果转化为现实生产力进行自我评估测算基础上，建立科学合理的个人和企业、区域经济科技贡献率指标体系。这会使自己建设创新型国家的路径、目标更加清楚明白，真正树立"准科技企业家时代"中国梦的愿景与努力奋斗的方向目标。

2. 2050 之梦

科技企业家时代国家的中国梦——就是中国在 2050 年，建国 100 周年之际，建成富强民主文明和谐的社会主义现代化创新型国家。

科技企业家时代的到来，从时间上看，是"准科技企业家时代"的延续发展，从实质上讲，是"准科技企业家时代"一切基础工作准备完毕，而开启的实现中华民族复兴、国家富强和人民幸福中国梦的更高、更强、更美、更新征程。这是全党全国各族人民经过"准科技企业家时代"齐心协力努力奋斗，实现了建党 100 年中国梦的基础上，继续进行的建国 100 周年建成创新型国家的圆梦之旅。我们有理由有信心相信，全党全国人民在以习总书记为首的党中央和中央政府领导下，举国上下同心同德、同路同行，在新中国成立 100 年时，中国一定会心想事成地呈现出民族崛起、国家富强、文化复兴、政治民主文明、公民素质先进、人民生活幸福、自然社会和谐的盛世美好景象！

我们每一个中国人，当下唯有牢记一点：未来一切梦想实现，全在从自己做起，从现在做起，从本职工作做起的全民努力奋斗！特别是科技成果转化行业从业者，一定要相信政府、相信党，相信"三合一"发展的时代优势特色，共怀"三合一"统一互动的中国梦，全党全国人民同心同德同路同行，一切都将美梦成真！

二、科技梦及行业梦

中国梦的最高层梦景，实际上就是国家意志呈现出来的政府之梦，全民之梦，当这个梦与自己的职业梦乃至个人梦相重叠同梦景时，那就是一种千载难逢的时代机遇。它会给当代中国人带来集国家、民族与职业及个人之幸运一身的有福人生了！

诚然，我们在万分感恩惜福之余，也清楚明白国家的中国梦，虽然与集体的发展梦和个人的职业梦统一互动，但仅仅从科技成果转化行业环境而言，当下让中国梦发芽生根的土壤与气候尚不足以让其顺利成长，职业人员与专业人才匮乏问题让我们的职业梦，圆梦任务艰巨而迷茫。不过，这就是吾辈，特别是科技成果转化行业从业者需努力进取的方向和目标。我们一定要有这种信念即只要全国同志、全民同心，上下协力，其利断金，攻坚克难，没有实现不了的梦景！

"准科技企业家时代"，作为具有"三合一"中国梦及其"三合一"实现时代发展优势特色的科技成果转化从业者，及其从事的科技成果转化行业会呈现出什么样的行业与职业中国梦景呢？这个问题，我们完全可以从以习总书记为首的党中央和中央政府一系统国家政策和"十三五"规划中得到完整答案。这就是——在实施创新驱动发展战略全面深化改革的"准科技企业家时代"进入 2020 年时，科技成果转化行业成为国民经济与社会发展基础核心产业，发挥着科技创新驱动国民经济与社会发展的重大战略核心作用；中国基本形成适应创新驱动发展战略要求的科技成果转化行业化与职工化、专业化的一切资源条件和政策制度、法律体系。在通过达成人才、资本、技术、知识自由流动；企业、科研院所、高等学校协同创新；创新活力竞相迸发，创新成果得到充分保护；创新价值得到更大体现，创新资源配置效率大幅提高；创新人才合理分享创新收益等等为进入创新型国家行列提供有力保障条件的同时，科技成果转化行业从业者成为时代的主体建设者。科技成果转化行业化与职业化、专业化进程保证实现了创新驱动发展战略真正落地，进而打造成了促进经济增长和就业创业的新引擎，构筑好了参与国际竞争合作的新优势，推动形成了可持续发展的新格局，促进经济发展方式的转变等等建成富强民主文明和谐的社会主义现代化创新型国家的基础条件与内外环境的战略愿景。

科技企业家时代全国各行各业从业者都既是中国梦的描述梦想者，也是中国梦的营造实现者。

在上述"准科技企业家时代"科技成果转化行业化和职业化、专业化梦景下，作者就科技成果转化行业从业者需要达到什么样的人力资源环境条件，以及具备什么样的做事先做人的素质修为要求，才能建立实现中国梦的创新改革人事环境？应该具备怎样现代化的科技成果转化系统运行理想状态才能实现中国梦？等等，有关科技成果转化从业者的职业梦的营造实现课题进行了科研写作。实际上，这既是对科技企业家时代的行业与职业理想之梦景，也是实现此梦景或做梦过程中必有之境界和境象等所需现实境况和客观实现前提条件的描述。

1. 中国好人梦

中国在发展，这是一个不争事实。时代在前进，这是一个自然现象。中国如今高楼林立、高速公路密布。中国人的奢侈品消费能力跃居世界第一。全球最高端时髦的法国巴黎香榭丽舍大街顶级的商店，都会为招揽中国顾客而特聘懂中国话的店员。但中国当代正代表主要职业人群的，是经历过"文革"读书无用论与打倒知识分子这个"臭老九"的历史岁月，走进改革开放、搞活经济的时期，再迈入"准科技企业家时代"的一代人。普通公民基本素质和价值观都与科技企业家时代和社会主义核心价值要求还有一定距离。真正富起来了的中国人群体，大多数并不是知识分子与普通民众出身的创业者，而是中国式灰色收入获得者。曾几何，"一切向前看"发展观，变成了"一切向钱看"的拜金主义思潮。劳动密集型工业化发展初期，带来的农民工人群，繁荣了城市经济，却拉大了城乡甚至区域收入"剪刀差"。并使作为农业人口占多数的中国，产生了社会边缘人现象和传统文化价值观丢失形成的精神文明与物质文化双缺失。更困难的是过去体制的束缚与思想的禁锢，还有知识技能局限，特别是文化素质磨损，中国某些知识分子或企业家抛弃传统历史，却止步于世界先进经典，形成了倒左不右、倒洋不土的思维习惯定式。这些中国富人与知识分子，分别因出身修养经历形成的思想意识或迷失茫然思维定式，从左右两个思潮方向，消灭了中国或世界文明史界定的"富贵人群"或"清贫学子"概念。猛然间，党与国家"四个全面"战略部署与中国梦的提出，让民族复兴的时代机遇与国家富强的历史重任摆在全国人民面前，普通国民素质能力与科技成果转化行业从业者的职业素质能力和专业技能知识差距就成了实现中国梦急需解决的重大关键基础问题。而作为现有利益获得者和知识分子，本来不仅是科技成果转化行业人力资源的主要来源，更应成为其佼佼者科技企业家人群的前身，继续引领示范走在时代高端前沿，却非常遗憾与担忧的在现实生活中，因历史环境因素很难实现个人超越突破，继承创新地成为科技企业家。

面对"大众创业、万众创新"亟待加强普及全民创新意识能力与正确创新创业致富观的状况，如何统一认识、科学掌握"三合一"中国梦理念思维与行为规范，形成科技企业家时代同创共享"三合一"中国梦的国民境界、文化教养与思想意识、行为习惯的理想要求，就成为进入"准科技企业家时代"，实施"十三五"规划，圆梦中国，最迫切现实重要的基础性工作。做好这个基础性关键工作，必须从国民基本素质提高与形成"三合一"实现中国梦的理念行为的根本上真抓实干，以实现普通公民的中国好人梦为切入点和突破口。

在以习总书记为首的党中央和中央政府带领我们进入"准科技企业家时代"的今天，来自社会风气、组织体制、政策制度和法律环境对"三合一"实现中国梦的局限不利影响越来越少直至消失。无论是中国普通百姓把握机遇迎接挑战，成为合格科技成果转化转化从业者，或是知识分子和企业家成为科技企业家的最大的障碍，不是来自外部，而在于自我创新素质能力培育与习惯思维定式突破的现实不易。而这种现实不易的主要因素，在于习总书记所说的作为中国每一个公民正知、正念与正能量的自觉树立践行。当代中国人最重大最关键的革命，来自自我理念观点与行为规范继承创新式自觉超越革命。其革命内容表现为自己思想意识与行为定式与时俱进的创新，以及担当时代使命与历史责任的素质能力与知识文化培育。具体表现在如何以中国好人的基本素质理念行为要求自己，成为一名中国好人；进而借助科技成果转化从业者职业规划，成为一名合格科技成果转化行业从业者；有机会与天赋，再成为集社会精英使命与民族英雄责任一身的科技企业家。由中国好人梦的完成，奠就其职业梦，进而再完成行业梦，这就是当代中国人在"准科技企业家时代"科学理想的圆梦行程。

所谓中国好人概念有三大含义——第一，中国好人是全体中国人团结一致、友好相处的践行者。作为中国好人，无论何党何派何人，有何利何决突，都应明了人与人共处必会同荣同枯的环境和谐发展规律，以我好他好大家好的心态为人处事。每个公民都应遵循可包容性的社会发展规律，秉持做好事做好人的处事为人原则，以及"同时空有利于国家、社会与他人、自己的事就叫好事"观点，在日常工作生活中，坚持做有利于国家、民族与社会、大众与家庭、自己的好事，和谐友善相处的中国好人。

第二，中国好人是时代理念行为的实践者。作为中国好人，应清楚继承创新实现国强民富己发展是集国家意志、全民意识及民族大义、个人愿景大同的时代发展观。明白"三合一"中国梦与其实现的"三合一"时代发展优势特色与时代机遇。相信科技企业家时代是当代中国人普适人生价值与民族复兴、国家富强与人民幸福实现的最佳历史时期。每一位中国公民无论出于何种动机目的与个人考量，本着最有利最现实的与时代同步、与国家同心共同发展的现实选择，都应做到不论事非，不怀疑他人，相信党、相信政府，从自己做起，从现在做起，从本职工作做起，通过做一名合格科技成果转化行业从业者，在建设创新型国家的行列里，找到自己人生的价值与生活工作的归宿，成为一个对得起时代与历史，与时俱进不辜负此生此世，且可同创共享时代发展红利的当代中国好人。

第三，中国好人是时代先进人物产生者。作为有志有才的当代中国好人，在拥有"三合一"中国梦及其"三合一"实现理念思维与行为规范的前提下，在实际工作时获得成为科技企业家的机会，体现出科技企业家的潜能天赋，就可以按曾仁强教授"心想事成原理"和迪帕克指引的"理论科技企业家之路"去践行探究由科技成果转化行业从业者成为其杰出代表科技企业家的可行性。首先，你可以倾听自己内心深处最真实自然的声音，观察自我与他人发展变化的轨迹，运用职业生涯规划自己的职业梦，再以自己的职业梦描述自己的个人愿景，从现实出发，从日常工作起心动念，试着简单、方便、愉快地界定自己的中国梦。其次，你会发现，你正处于一个国家政策定义与战略规划最鼓励最适合国强民富己发展最好的"准科技企业家时代"起点。而且，身处实现"三合一"中国梦核心基础战略地位的科技成果转化行业。做着上符国策、下合己能热门高端精英的科技成果转化行业从业者职业。自然而然，你就拥有了简单单纯执着热爱的事业心，轻松快乐友善和谐的做人境界。能够实实在在践行曾仁强教授所说的"起心动念，想正确的事，表现出合理的行为态度，事情就顺利地完成了。这不是很简单、方便、愉快吗？"的事业与生活成功理念。做着一个本能自然轻松快乐成功运用"三合一"中国梦与其"三合一"实现理念思维与行为规范的有志有才当代中国好人。最后，随着时间的推移与本职工作的进展，您会在某一天自然而然地发现自己俨然已成为了成功科技企业家人群的一员，早已开始了科技企业家的职业梦想与践行。或者，发现自己虽然没有成为科技企业家，却有意义有价值地愉快工作生活在科技企业家时代，享受着科技企业家时代红利与个人、家庭的快乐幸福美满人生。

做中国好人的基本意思，就是不唯上，不唯下，不唯任何外在，唯将自己当成一个正常合理合情合法合规的公民，拥有时代科学发展观，可以"两害相权取其轻，两利相权取其重"选择正确人生的普通中国人。中国好人从不做损人不利己的事。中国好人，实际上就是每一个人作为生活工作在中国的合法公民，在科技企业家时代对自己的人生利益取向与生活工作态度。中国好人作出的最起码的人伦道德和价值观低线选择，也是一个国家公民最基本的政治觉悟和团队精神，以及一个炎黄子孙最本能的民族自尊自信自强心的本质表现。

你作为中国好人，不管你曾经历过什么苦难，有过什么不堪回忆的过往，或者曾有过什么样辉煌，高居什么样地位，是高贵还是卑微，是强大还是弱小，现在跟周围环境以及生活工作人群相处如何，有怎么样的人生，有什么样的伤害与馈赠、憎恨与恩赐、利益与感情的经历感受，只要你现在仍是拥有正常合法工作生活权利的中国公民，以做一名中国好人为标准，就要求你在即使没有水平能力理解习总书记提出的中国梦的科学性、合理性及对中华民族重大深远的发展意义，也可能你因现实利益与环境人际关系不同而心生对国家和社会及他人不满与对立时，也必须自觉地团结在以习总书记为首的党中央和中央政府周围，友善对人对事，做一个中国好人，成为一名合法合规融入时代发展的中国公民。换言之，就是作为一个中国公民，你工作生活在这片热土上，没有高远志向，也不用做出民族贡献都行，但只要你在这里生活工作，基于最基本公平意识与道德标准、法律观念的标准，你得做一名中国好人才行。你必须坚守最低的做中国好人的底线。我们活在当下，不求做时代精英与民族英雄，但求不被历史时代所淘汰，消极懦弱到失去饭碗，最基本的应做一个无愧自己人生，在平凡的工作岗位上，履职尽职守本分，凭自己本事努力吃饭。任何一位中国公民只要相信党、相信政府，坚持与国家发展、民族进步同心同德、同路同行，就可以跟全国人民一起同样吃上国强民富已发展的科技企业家时代好饭，赶上盛世年华的好日子，做一个快乐幸福美满和谐生活的中国好人！

做一个中国好人，这无疑是一名中国公民最现实、最真实、最轻松、最自然的一个做人做事美梦，也是其职业工作最起码的基础要求。以此为进，方能从做普通公民式中国好人起启，进阶合格科技成果转化行业从业者式中国好人，再成就科技企业家式中国好人更圆满、更超越的自我人生。由此，才能使自己及团队家庭生活在科技企业家时代，通过自我人生做中国好人的选择践行，在科技成果转化春天明媚阳光照耀下，国强民富已发财的肥沃土地上，呼吸着青翠欲滴大森林绿色氧吧清新自然的空气，尽情享受幸福快乐舒畅，光宗耀祖，无愧国家与时代恩赐及自我努力展现的美好人生和生命价值！

2. 行业梦

"准科技企业家时代"科技成果转化行业之梦，是造就符合建设创新型国家要求的职业化、专业化结合发展的科技成果转化行业运营管理宏微观机制。

中共中央国务院在《关于深化体制机制改革加快实施创新驱动发展战略的若干意见》指出："加快实施创新驱动发展战略，就是要使市场在资源配置中起决定性作用和更好发挥政府作用，破除一切制约创新的思想障碍和制度藩篱，激发全社会创新活力和创造潜能，提升劳动、信息、知识、技术、管理、资本的效率和效益，强化科技同经济对接、创新成果同产业对接、创新项目同现实生产力对接、研发人员创新劳动同其利益收入对接，增强科技进步对经济发展的贡献度，营造大众创业、万众创新的政策环境和制度环境。""在 2020 年，基本形成适应创新驱动发展要求的制度环境和政策法律体系，为进入创新型国家行列提供有力保障。人才、资本、技术、知识自由流动，企业、科研院所、高等学校协同创新，创新活力竞相迸发，创新成果得到充分保护，创新价值得到更大体现，创新资源配置效率大幅提高，创新人才合理分享创新收益，使创新驱动发展战略真正落地，进而打造促进经济增长和就业创业的新引擎，构筑参与国际竞争合作的新优势，推动形成可持续发展的新格局，促进经济发展方式的转变。"这两段话，不仅从总体思路上讲明了在"准科技企业家时代"，应为建设创新型国家所做的一切准备工作，也全面综合地描述了科技企业家时代理想的科技成果转化运营管理宏微观机制的行业之梦。

我们可以从以下几方面解读诠释描绘 2020 年科技成果转化行业之梦。

（1）职业化与专业化运行管理体制建立健全，是"准科技企业家时代"科技成果转化行业之梦

从科技成果转化行业系统满足建设创新型国家的要求来讲，科技成果转化整体系统及各子系统运行管理的职业化与专业化，达成科学高效畅顺地运行管理效果，使科技驱动社会发展原动力不断加强提效，达到建设创新型国家科技成果转化为现实生产力的要求。真正使中国进入国强民富己发展的创新型国家科技企业家时代。圆满实现国家富强、民族振兴、人民幸福的"两个一百年"中国梦，是科技成果转化行业最大最理想最根本的梦想。

科技成果转化系统职业化与专业化运行管理体系建立健全的关键点与难度。首先，是保障科技成果转化系统职业化与专业化运行管理的制度环境与政策法律体系的建立健全。破除科技成果转化行业职业化与专业化发展之路的制度藩篱，形成科技成果转化整体系统科学高效畅顺运行管理的法治环境与制度环境主要是，建立让有志有为知识分子信奉的"君子爱财，取之有道"的"道"的合法化、合规化。在实际工作中，一方面，通过政策、法律解读宣传，让有志有能力进行科技成果转化的知识分子了解明白当前的政治时事与时代发展特征。科学正确认知现在是制度让他们通过科技成果转化工作赚钱发财。另一方面，尽快建立健全相应法律保障体系，保证鼓励支持知识分子通过科技创新推动社会进步所做的贡献，获得个人财富，合法合规自豪荣耀的发财，发大财的政策措施贯彻落实。

其次，从科技成果转化行业管理标准出发，以职业化与专业化行业管理要求自己，形成壮大科技成果转化行业从业者职业人员与专业人才队伍。这既是科技成果转化行业发展的基本要求，也是"三合一"实现中国梦的关键基础。它包括：一是准备好建设创新型国家的一切法律制度环境。让科技成果转化行业职业人员与专业人才的培养和使用顺畅有效，并使其行业定位与职业、专业的社会地位和经济发展前景有保障。二是建立相应思想意识提升转变专业培训体系。帮助知识分子与企业家以及普通民众克服自身制约创新的思想障碍。建立国家任务、职业

理想与个人愿景"三合一"实现国家的、集体的与个人的中国梦的理念思维和行为规范。科学认知国强民富己发展的时代发展优势特色。

（2）科技创新革命引领的第四次工业革命是中国梦的产业发展之路

实现"两个一百年"建成全面小康社会和富强民主文明和谐的社会主义现代化国家的中国梦，无论是从建设方式和驱动力，还是实现路径和对应期限来讲，就是准备建设创新型国家的"准科技企业家时代"，以及建设创新型国家的科技企业家时代同一概念的不同角度表述。在"准科技企业家时代"前夕，由世界第四次工业革命引发的中国制造 2025 与"互联网+"行动及国家战略性新兴产业发展构建，以及科技企业家时代创新型国家建设的未来实景经济产业革命，描绘的中国产业发展之路，组成了中国产业发展的中国梦。其中，各项技术研发与产业重点发展领域与发展方向，就是科技企业家在"准科技企业家时代"和科技企业家时代，从事企业科技成果转化与经营管理的企业规划愿景和发展梦想蓝图。

① "两个一百年"中国制造业的中国梦

国务院为我们描述了立足国情，立足现实，力争通过"三步走"实现制造强国的中国梦愿景：

第一步，力争用 10 年时间，迈入制造强国行列——到 2020 年，基本实现工业化，制造业大国地位进一步巩固，制造业信息化水平大幅提升。掌握一批重点领域关键核心技术，优势领域竞争力进一步增强，产品质量有较大提高。制造业数字化、网络化、智能化取得明显进展。重点行业单位工业增加值能耗、物耗及污染物排放明显下降。

到 2025 年，制造业整体素质大幅提升，创新能力显著增强，全员劳动生产率明显提高，两化（工业化和信息化）融合迈上新台阶。重点行业单位工业增加值能耗、物耗及污染物排放达到世界先进水平。形成一批具有较强国际竞争力的跨国公司和产业集群，在全球产业分工和价值链中的地位明显提升。

第二步，到 2035 年，我国制造业整体达到世界制造强国阵营中等水平——创新能力大幅提升，重点领域发展取得重大突破，整体竞争力明显增强，优势行业形成全球创新引领能力，全面实现工业化。

第三步，新中国成立一百年时即 2049 年，制造业大国地位更加巩固，综合实力进入世界制造强国前列。制造业主要领域具有创新引领能力和明显竞争优势，建成全球领先的技术体系和产业体系。

② 第四次工业革命带来的中国产业梦景

西门子股份公司管理委员会成员、工业领域首席执行官，参与编写《工业4.0》一书的鲁思沃教授在该图书首发式上分享了工业 4.0 未来愿景。

工业 4.0 应该代表着第四次工业革命。前三次工业革命的发生，分别源于机械化、电力和信息技术。如今，随着物联网及服务的引入，制造业正迎来第四次工业革命。不久的将来，企业能以 CPS（Cyber Physical Systems，信息物理系统）的形式建立全球网络，整合其机器、仓储系统和生产设施。工业 4.0，不仅仅意味着技术的转变、意味着生产过程的转变，同时也意味着整个管理和组织结构的调整。那时，通过 EDI 的方式，也就是电子数据互换的方式来实现所有的管理。工业 4.0 帮助你让所有的事务不需要人为的介入可以实现互相的交流和沟通，把虚拟世界和现实世界实现完美的结合。所有的信息都要实时可用，为生产网络化环节可用。实现了虚拟与现实的结合，也就是产品设计以及工程当中的数字化世界和真实世界的融合，这就使我们能够满足生产效率越来越高、产品周期越来越短、产品变形越来越多方面带来的挑战。CPS 信息物理融合系统（即什么设备可以放到一个虚拟信息空间当中以及在物理世界当中，所以称之为信息物理融合系统）使生产体系可以体现实实在在的既有物理工厂的系统，也有在数字世界的仿真，最终是能够实现生产过程的完全可控、可调状态。

工业 4.0 是从生产型制造转型成服务型制造。未来生产和服务的界限会更加模糊，按照德国工业 4.0 整个框架来说，未来的工厂有可能从集中式生产转成分布式生产。3D 打印会快速使用，未来工厂的概念，可能是一个全新的概念，不是我们今天所看到的，有几百人、几千人，然后有设备，未来的工厂可能在客户的客厅，通过 3D 打印来打印，有可能每一个客户的客厅都是一个生产的车间。

举一个例子，过去生产一台电饭锅，可能在中国的广东生产，然后运到非洲送给客户。但是未来，在工业 4.0 时代，这个广东的电饭锅的公司只需要电脑设计、图纸，通过电脑传到非洲客户的电脑，客户客厅有一个 3D 打印机，可以通过客厅的 3D 打印机把这台电饭锅打印出来，就意味着客厅已经成为生产车间，所以未来工厂的概念是需要刷新我们的想象的。

这一轮的工业革命是由科技革命所导致的，在我国的"互联网+"里，工业 4.0 是互联网+的一个组成部分，互联网+制造就是德国版的工业 4.0，也就是中国制造 2025。

③ "互联网+"产生实景经济革命信息社会中国梦，带来人类社会发展历史新纪元

有专家说移动互联网、大数据、智能制造这三个技术结合在一起，正在彻底颠覆我们的生活。事实不仅如此，而且还会因党和政府制定的"互联网+"产业行动，配套"大众创业、万众创新"全民活动开展，正以越来越快的速度产生越来越大越广的影响力，很有可能在中国实现"两个一百年"中国梦时，中国以及全世界都进入了人类社会新纪元，开创了实景经济革命信息社会新时代。

那时，制造产业实现了智能化生产。工业物联网、工业网络安全、工业大数据、云计算平台、MES 系统、虚拟现实、人工智能、知识工作自动化等技术供应商，不仅通过工业产品适应满足人类社会不断增长变化的物质文化与精神文明需求，而且还会因其技术的不断发展成熟与相应人类社会工作生活方式出现互动因素作用影响，成为"互联网+"各种产业的技术供应商。渐进形成互联网线下实体产业与线上虚拟产业两位一体融合发展。进而改变了人类工业化传统社会人与人或人与物或物与物交流必须真实现实的时空形式。出现了人类生存发展方式互联

网线下实体活动与线上虚拟活动共体同畴进行的实景经济空间。由此，完全可以预计，人类社会将在 2050 年进入智能化、信息化的实景经济新纪元和大数据新时代，形成新兴人类历史发展阶段。

不同领域的专家学者是这样描述这个人类社会新纪元、新时代梦想状态的：

首先，知识工作自动化。未来社会是一个知识工作者联合作战的时代。知识工作者的工作会变得更加自动化。这是一个数万亿的新的市场。工业时代的管理模式、大师、理论在互联网时代大部分都将不复存在。针对互联网的管理模式以及知识工作者的形态、标准将在科技企业家时代形成。

其次，不仅因为互联网基础产业，而且从各项足以影响未来的技术发展趋势分析，人类社会自然发展的新纪元新时代都将不可避免到来。美国硅谷有一个未来学家预测，2045 年机器的智能超过人工的智能。2045 年是独特的年份。如果机器智能超过人工智能，就意味着机器的智能化反过来推倒人的机器化。当机器智能超过人的智能，整个社会的形态、生产方式、生活方式、生产关系都会发生巨大的变化。

最后，笔者在几年前提出了实景经济革命概念。作者认为，实景经济产业革命通过市场化互联网产业拓展，使其服务对象的生活工作活动，具有互联网下实体活动与互联网上虚拟活动的共体同畴空间，呈现出网上网下两位一体的商务活动和生活状态；并以人们网下现实的家与网上虚拟的家两位一体产生的 H2H 智能化、信息化实景家庭，进入实景生活服务网站组成的实景社区以及扩展形成的实景社会环境。以提升互联网市场生活助手功能，满足现实生活中人群智能信息化生活工作需要为突破口，以渐进实现人们互联网下实体活动与互联网上虚拟活动融会贯通，直至形成两者共体同畴的实景经济空间的一系列营销策划和运营实施为网站经营内容，用市场化方式为网民构建起一个与其现实生活工作状态仿真度极高且日趋实用统一的虚拟之家。并通过其实景社区服务模式创新维护发展，使其逐渐形成网下现实的家到网上虚拟的家合二为一，满足信息社会人们生活工作在网下与网上共体同畴实景经济空间的一切需要。笔者预计，中国在 2050 年通过"两个一百年"中国梦的实现，后发居上，完成实景经济革命服务于实景经济人的生活工作的目标，率先形成高度智能化信息化实景生活状态，出现实景经济信息社会形态，以民族复兴、国家富强与人民幸福地姿态，迈进人类社会发展的新纪元和新时代！

三、个人梦

每一位科技成果转化行业从业者科技企业家时代的个人梦，不外乎两种梦景内容，一是自己供职的工作单位即职业组织平台发展之梦想；二是自己从事的职业前景与专业发展空间即个人职业生涯规划愿景。

（一）四川省生产力促进中心（以下简称"本中心"）未来发展规划蓝图

"本中心"作为作者当前供职的工作单位，从组织机构功能发挥与"十三五"发展规划国家、集体与个人"三合一"衔接勾勒，两方面极大地搭建了科技梦及行业梦的梦景空间和发展可能。

"本中心"为代表的全国各地各级生产力促进中心系统，一直身处科技成果转化主战场，位居实施创新驱动发展战略全面深化改革核心基础战略科技成果转化行业整体系统的中介、支持与政策环境、宏观调控子系统。其工作人员自 1979 年单位成立以来，一直活跃在促进科技成果转化为现实生产力的各种促进科技成果转化岗位上。无论是从人员还是机构来讲，全国各级生产力促进系统在"十三五""准科技企业家时代"，都拥有很多得天独厚的发展优势，以及十分有利的天时地利人和的改革良机与市场商机。从机构发展而言，既有成为执行中央财政科技计划（专项、基金等）项目管理专门机构的继承创新发展前途，又有成为科技成果转化专业服务商形成公私资源合力服务促进科技成果转化的优势条件和无限商机。生产力促进中心系统既是建设创新型国家的一支主力军队伍，也是"两个一百年""三合一"中国梦重要的造梦人群和实现者，以及"三合一"实现中国梦理念思维与行为规范模式主要践行者，是造就或产生集时代精英使命与民族英雄责任一身的科技企业家的摇篮。其人其事其单位都将随着同创共享的国强民富已发展中国梦的实现而前程似锦，美梦成真！

在实际工作中，"本中心"一方面，随着国家批复建立天府新区而首批进驻了"天府新区创新中心"大楼。早已成为了国家级开发天府新区致力促进科技成果转化为现实生产力，大力开展"大众创业、万众创新"重要的正式组织成员。由此，使"本中心"从组织和人才层面都拥有了与天府新区同呼吸共命运的家乡建设和事业归属感。

另一方面，"本中心"人事组织隶属的四川省自然资源科学研究院，以川自资（2015）26 号文，提出了从具体事业发展规划实施上与天府新区联盟。为"本中心"在天府新区的真正扎根全面发展，提出了未来科技企业家时代规划蓝图。描述出了"本中心"与天府新区共同发展的"十三五"区域中国梦。

该文中说："2015 年 1 月以来，四川省机关事务管理局所属四川省统建中心多次来我院调研商谈，拟联合省统建中心、四川交投置地有限公司、省资源院等省属科研机构，合作在天府新区科学城建立四川科技创新园。"这既与"本中心""十三五"组织和业务飞跃发展形势匹配吻合，做到了业务核心竞争力与组织平台建设同步互补发展，也给"本中心"环境条件改善带来了巨大机遇。而且，选点扎根之地在国家新开发的天府新区，应了实现"三合一"中国梦的天时地利人和之力。是"本中心"顺应改革，励精图治，奋发向上的一次重大历史性决策，也是实现"生力人"和"天府新区人"中国梦的绝佳机会。

该文中指出："在 2014 年 11 月 21 日，习近平总书记为'中国—新西兰猕猴桃联合实验室'揭牌后，加快联合实验室建设，搭建国际级、高水平科学研究与科技合作平台，加快改善我院的科研基础条件迫在眉睫。同时，科技服务业作为战略性新兴产业，省生产力促进中心是我省科技服务业的示范单位，科技服务工作需要全面开展，迫切需要新的服务场地和创新孵化场地，以此推动全省科技服务业加快发展。"

该文具体展望了规划实施愿景："项目预计在天府新区用地规模 1 500 亩（1 亩≈666.7 平方米，下同）（最终面积以当地政府国土规划部门批准划定的为准），其中首期用地约 500 亩，主要建设内容包括：创新研发、孵化和总部办公室区、综合配套服务区、绿色生态实验区等，预计投资 27 亿元，建筑面积 40 万平方米。预留用地约 1000 亩主要实施科研产品与成果交易中心、科研孵化中心、科研展示中心以及综合配套服务项目等。经初步测算，项目实施后我院在两方面的功能得到拓展：一是可向我院提供 1 万平方米以上科学研究、科学实验、科技服务场所，主要用于中国—新西兰猕猴桃联合实验室、四川省猕猴桃工程技术工程中心、猕猴桃育种与利用四川省重点实验室等创新载体的运行。二是以省生产力促进中心作为三方投资建设的天府新区科技创新园招商引资战略合作单位负责科技孵化器的运营和管理工作，发挥从事科技服务的资源与人才优势，围绕'大众创业、万众创新'，提供众创空间，促进和推动四川科技孵化和科技服务工作。"

当前，可以说，"本中心"尽享时代机遇与国家发展改革红利，身为"生力人"和"天府新区人"的我们，前程似锦、美梦无限。但是现实是机遇还是挑战？我们能否真正担当起促进实现"三合一"中国梦的基础核心战略科技成果转化行业发展的时代使命与国家重任？可不可以在圆国强民富已发展"两个一百年"中国梦的光耀时刻，团结和谐幸福地与全体同事，特别是团队成员一起，站在自己用德识才学修为为之奋斗的锦绣天府新区上，真切现实地眼望"本中心"当时青翠欲滴的绿色生态环境，欣慰地看到自己培育的科技企业家带领着众多科技成果转化行业从业者们，从那一座座智能化与信息化的现代办公大楼连动着世界实景经济社会方方面面，不断绽放中国梦的美景?！这一切实现全靠我们自己的理想坚定与全身心付出，更凭全国人民齐心协力地努力奋斗。若真能美梦成真，那时，我们一定会大声自豪、优越、满足地对伙伴说，对自己说："我们做到了！一生无憾无悔，幸福美满了！"

（二）科技成果转化行业从业者个人梦

1. 个人之梦

科技成果转换行业从业者个人梦想可以从家庭生活和工作职业两方面来阐述。从第一个方面来说，对于个体，最终要达成的梦想就是家庭幸福和谐，生活富足美满。从第二个方面来说，要成为一个合格的科技企业家，事业要成功，企业发展蒸蒸日上。由此两方面的梦想实现来促进行业梦想的实现，并为伟大中国梦的实现奉献自己的力量。

2. 以笔者个人梦想为例

国家的梦、地方政府的梦、单位的梦，说到底就是每一位科技成果转化行业从业者的梦，一切从现在做起，从自己做起，从本职工作做起吧！心动行动，心想事成才能美梦成真！

曾仕强教授在百家讲坛上说："一般人只知道把'心想事成'当作祝福用的祈愿语，却不知道它原来是一种可以成为事实的叙述语。起心动念，想正确的事，表现出合理的行为态度，事情就顺利地完成了。这不是很简单、方便、愉快吗？"对此，笔者很有感触！

迪帕克·乔普拉曾说："问问自己：我怎样才能更好地服务于人类？回答这个问题并付诸实践。发现你独一无二的天赋，用它来为人类服务，你可以创造出自己所需要的所有财富。当你富有创造的语言与你的同胞们发生共鸣时，财富就会自动涌现，由潜在的变为实际的，由精神领域的变为物质领域的。"这两位导师语录跟笔者三十多年自觉或不自觉孜孜不倦地追求科技企业家的心路历程不谋而合，给了笔者写作此书巨大的心灵动力和方法启迪。

笔者回顾自己三十多年的工作历程。1980 年参加银行工作就从事工商企业信贷管理；1992 年调入中科院成都分院系统又创办高科技企业，进行第三产业开发；2010 年调入四川省自然资源科学研究院参与猕猴桃科研及产业开发服务工作；2013 年初调整到四川省生产力促进中心。笔者长期有志于从科技与经济融合的角度，研究和实践中小企业特别是科技型中小企业的战略发展与成长路径。曾先后在银行与科技系统，从事了三十多年的金融信贷与科技产业开发工作。创办并经营过科技公司与集团公司。拥有十分丰富的科技金融企业跨界实战经验。特别擅长对国家政策与企业环境匹配分析与资源整合、基于低成本或无成本运营的专项政策执行咨询、战略规划与融资模式设计、公司创业筹建与重组辅导、项目管理与资本运作策划、管理经营理念与企业文化建设、科研面向市场的战略引领、科研成果商业功能挖掘设计与市场营销创意策划、技术产品市场前景分析与市场拓展、科技成果转化不同时期技术链与产业链融合发展等管理咨询业务。熟知政府金融、科技管理流程方式与政策导向。对国家金融管理与商业运营以及各科技计划项目申报，有独特难得的上传下达相互配合的协调经验。有具备通过落实执行国家相关行业、产品与人才扶持优惠政策，综合运用金融、科技与企业管理职业特长，辅导科技企业家与高新企业共同成长的管理咨询能力。这既是笔者本职工作形成的职业特长，也是笔者规划和实现自己中国梦的基本前提。

纵观笔者三十多年的职业生涯，仿佛就是中国科技企业家这个职业角色，从无到有，不断发展变化定型的演变过程。笔者认为，总结清楚了自己的职业定位，也就简单、方便、愉快描述清楚了科技企业家的职业定义与职业人群界定。换言之，通过本书，倘若笔者能把自己当下促进科技成果转化的本职工作说深说透，且有所创意，并就本单位——科技系统生产力促进中心的机构功能与组织作用进行科学有效的理论与实务梳理，无疑是自然而然，天命使然，水到渠成地通过自己的经验总结，内可为本单位、本系统科技成果转化工作献言献策，尽职履责，称之业务手册可也；外可为科技企业家这个职业及人群发展铺路搭桥，令同侪之人读有共鸣，行有规范，后进之士可效而仿之，学而习之，从理论到实践形共襄大局，不断壮此职业之势，谓之"职业宝典"也成。当然，若通过自己与时俱进、科学客观地对此时代赋予的新兴职业及形成的新阶人群，积极有效的人生价值与正面卓越的社会能量的描绘设想，可给有望成为或已成为科技企业家的人们有益自我认识与目标坚定及"心想事成"之态度和结果，名之人生启示也然。

笔者鉴于上述两个大师的启发与自我工作经历能力总结，将自己的科技企业家之梦设想成"两生两步"。

一是上半生，已经成为历史的三十多年职业生涯。笔者从银行信贷员做起，到公司老总，至科技咨询，迈出了投身科技成果转化行业的第一步。其间，以科技成果转化行业全过程全要素各环节各岗位历练而言，笔者机缘巧合得到组织支持，从支持子系统和中介子系统还有政策环境子系统的促进帮助和支持咨询的参谋长角色岗位，真实彻底换位到主体子系统公司决策经营司令官角色岗位。拥有跨金融、科技与企业三界实际工作经验，深刻全面、真实具体、难能可贵地实际体验经历了科技成果转化整体系统运行管理不同子系统的不同岗位工作。由此，对科技成果转化行业主体子系统主体角色——科技企业家，从事的主体产业——企业科技成果转化与经营管理行业，形成了丰富独特、全面深入的科技成果转化行业切身经验与技能。

二是下半生，从现在至2050年未来三十多年科技成果转化行业从业者职业生涯。笔者在廉颇老矣，尚能饭否的年龄段，仍希望自己以老骥伏枥之态，及科技成果转化主战场最核心前沿阵地战士之身，珍惜感恩参与全党全国人民"三合一"实现民族复兴、国家富强、人民幸福"两个一百年"中国梦的伟大时代圆梦之旅。笔者希望自己在上符国策、下合己能的科技成果转化行业从业者工作岗位上，轻松自然，科学有效地按国家任务、职业理想与个人愿景"三合一"互动统一地设计自己的职业生涯规划，设想自己的科技企业家之梦，计划分两步走：

第一步，科研写作、出版发行本部科技成果转化行业研究专著。为科技成果转化行业发展明心立志，立言献策。

第二步，书成，以此为核心内容和基础工具，积极交流分享自己科技成果转化行业各种职业素质能力与专业技能知识，为年轻一代科技成果转化行业从业者传道授业解惑也。实现自己上半生用国家资金信贷手段和经商办企业方式成就自己从事科技成果转化行业之梦，下半生用国家培养的科学正确理念观点和合理有效素质技能造就一代新人从事创新创业之梦。同时，在有机会有团队有组织有环境的情况下，充分利用体制改革人事政策与激励措施，与时俱进用多种合法合理科学有效的方式渠道，亲自投身于科技成果转化各个专业领域的各项科技成果转化业务市场拓展与运营管理中，真正成为一名成功的科技企业家，同创共享"三合一"中国梦，圆满完成实现自己的科技企业家时代之梦！

科技无处不在！任何人拥有科技企业家的知识、素质，还有科技与经济融合的机遇，明白其职业定位，有了科技企业家科学合理的思维和技能，把握好了机会，人人都可以成为站在时代最高端创造自我美好，造福普罗大众的科技企业家。而当科技企业家越来越成为时代精英的代表，国家高端职业人才的象征，科技与企业跨界相慕的成功人士标志，甚至成为我们这个时代幸福美满、和谐安康的主流人群灯塔之际，必将是我们这个民族，我们这个国家实质性跨入先进国家之时！这实际上就是科技企业家的中国梦，也是中华民族的中国梦！

附录
《科技企业家》上册培训与研究课题

1. 约瑟夫·阿洛伊斯·熊彼特著《经济发展理论》阅读辅导。

2. "熊彼特创新理论与经济社会学对科技企业家的启迪作用"学术研讨。

3. "创新驱动发展战略与科技成果转化系列政策"宣讲解读。

4. 自我职业认知与职业生涯规划研讨。

5. 科技企业家的定义与现实认知研讨。

6. 科技成果转化行业发展现状与前景研讨。

7. 当前科技成果转化工作与未来发展具体案例研讨。

8. 《自我活着的象征与生命的意义》写作辅导。

9. 《我所理解的时代环境与科技企业家概念》写作辅导。

10. 《五年职业或人生规划》写作辅导。

11. 亚历克西·德·托克维尔著《旧制度与大革命》阅读辅导。

12. 曾仕强著《曾仕强讲易经》《易经中的管理智慧》阅读辅导。

13. 迪帕克·乔普拉著《世界之战》《奇迹：你的人生没有极限》《愿景领导者》阅读辅导。

14. 科技企业家性格和符合度测试评估（行为科学与心理学、周易为基础的自我性格分析与职业生涯设计培训）。

15. 我国科技成果转化行业宏微观实务发展与现状讲解。

16. 科技企业家职业介绍和前景展望及职业意向确定。

17. 借鉴最先进的人力资源管理及心理学理论，采用相关职业规划法，对学员进行科技企业家素质能力测试考评，对其作出相应职业定位评估。以互动交流的方式，使其正确认识自身素质能力与客观条件环境。明白自己成为科技企业家的优劣处所在，科学理性地判断自己的职业走向。使事业具备良好的开端就是成功的一半的发展态势。

18. 以讲师丰富的科技成果转化理论与实践经验，通过一些定性和定量评估方法的设计运用，就学员成为科技企业家的机会值进行打分，并给出职业前景分析参考结论。可以明确指出学员从事科技成果转化工作，成为科技企业家的现实路径及优势和障碍，科学前瞻地评估其成为科技企业家道路的顺逆难度，并给出战略规划方案，为其科学有效地发展事业提供职业发展规划与科技成果转化工作战略双重咨询服务。

19. 科技企业家潜能激活及创新创业技能培训。

20.《区域科技成果转化管理运营网》商业智能信息技术运用培训。

21. 行业发展与专业现状交流及项目组搭建辅导。

（重点是对项目组的研究开发方向与创新点即技术创新路线图的讨论确定）

22.《中华人民共和国公司法》与《促进本法修正版》阅读及公司创办工商辅导。

（重点是对工商注册时所需的公司章程进行逐条有针对性的研究交流，形成大家真正的共识）

23. 自我在科研开发和经营管理团队的专业角色定位及最佳团队成员结构分析研讨班。

24. 团队成员的个体和群体性格与情商及价值观、人生观分析评估，明确组成团队的优劣势与心理建设重点研讨班。

25. 团队成员以合作的强烈愿望为出发点，求大同存小异，拟定意愿统一并共同执行的五年事业与生活规划，形成成立团队的各种思想、利益与行为协调基础主题讨论，并由导师给出成立团队意见书。

26."准科技企业家时代"即"十三五"规划专题研讨。

27. 科技成果转化行业从业者所需学习掌握的政策体系及政策文件收集、整理、学习、解读、运用方法研讨。

28. 如何从政策文件中获取行业与企业及个人职业规划基础性数据和环境发展预测依据。

29. 科技成果转化政策环境子系统现状与发展，及对其他子系统和整体系统影响作用研究。

30. 科技成果转化政策文件总体精神与重大内容解读。

31. 科技成果转化政策文件国家战略及微观产业指向、公共资源种类和支持领域及人才、技术、管理、市场行业、区域扶持渠道方式与个体相关性研讨。

32. 创新驱动发展战略与实施政策文件部署的国家任务、行业目标与企业发展及个人职业规划分解提炼研讨。

33. 国家战略性新兴产业现状与未来及产业制高点、技术研发前沿定位研讨。

34. 中国制造2025第四次工业革命的现实基础与发展趋势及个体产业发展机遇研讨。

35."互联网+"对"大众创业、万众创新"的商业价值与创新创业机会研讨。

36. 科技企业家时代科技成果转化行业从业者思维理念与行动规范研讨。

37. 科技企业家定义标准与人头管理理论学术研讨。

38. 行业发展前景定位与工作项目任务完成率分析的人脉图绘制法研讨。

39. 中国好人的定义及其在转轨变型新时代的意义价值研讨。

40. 科技企业家职业规划人头管理理论设计规划法研讨。

41. 习总书记提出的中国梦与"四个全面"战略布局整体解读。

42. 小康社会与富强民主文明和谐社会主义现代化国家的具体含义与指标解读及测算体系了解掌握运用研讨。

43. 党中央与中央政府"十三五"治国理政目标及总体战略框架与思路学习理解、贯彻执行研讨。

44. "准科技企业家时代"与科技企业家时代划分标准及特色定义研讨。

45. "三合一"中国梦的个人描述与实现理念与行为规范模式研讨。

46. "三合一"中国梦的区域、单位、个人实际具体梦景及实现模式研讨。

47. 科技成果转化行业职业化与专业化发展标准及实现的主要难点和当前主攻方向研讨。

48. 科技成果转化行业从业者的时代机遇与发展障碍及"三合一"中国梦内容及其实现"三合一"具体模式研讨。

49. 生产力促进中心系统转轨就型成为中央财政科技计划（专项、基金等）项目管理专门执行机构的优势传递与实际操作研讨。

50. 生产力促进中心系统成为科技成果转化专业服务商的商机、前景与规划设计研讨。

51. 科技成果转化行业从业者的时代使命与历史责任及其把握研讨。

52. 科技企业家的中国好人素质标准与德识才学修行哲学研讨。